应用型本科院校"十三五"规划教材/经济管理类

Financial Management Fundamental Practice and Case Study

财务管理基础知识训练与案例分析教程

（第2版）

主　编　佟伯承　宋海涛
副主编　张敏思　张慧妍
主　审　周　航

哈尔滨工业大学出版社
HARBIN INSTITUTE OF TECHNOLOGY PRESS

内容提要

本实训教程是应用型本科院校"十二五"规划教材,以财务管理的两大理论基石、四个财务活动和五个环节作为实训对象。实训教程突破以往教材只注重校内实训的局限性,突出学生动手能力培养的同时,要求学生到校外实地进行企业财务活动实践,并给出校外实践具体路径。全书共分为十章,每章都指出实训要点,规划实训目并提出实训要求,在描绘结构图理论知识的基础上,导入本章案例。各章基础知识设置单项选择题、多项选择题、判断题和计算题等传统题型以夯实学生的基础理论知识,同时增加教师和学生之间的课堂互动环节题型,增强课堂实训趣味性。大型案例分析题以近年发生的财务热点事件为研究对象,要求学生能理论联系实际,着重培养学生解决实际财务工作问题的能力。

本实训教程适用于工商管理类及经济类专业本、专科学生,也可作为在职或自学人员的实训参考书。

图书在版编目(CIP)数据

财务管理基础知识训练与案例分析教程/佟伯承,宋海涛主编.—2版.—哈尔滨:哈尔滨工业大学出版社,2018.2
ISBN 978-7-5603-7179-5

应用型本科院校"十三五"规划教材

Ⅰ.①财… Ⅱ.①佟… ②宋… Ⅲ.①财务管理-案例-高等学校-教材 Ⅳ.①F275

中国版本图书馆 CIP 数据核字(2017)第 327859 号

策划编辑 杜 燕 赵文斌
责任编辑 李广鑫
出版发行 哈尔滨工业大学出版社
社　　址 哈尔滨市南岗区复华四道街10号 邮编150006
传　　真 0451-86414749
网　　址 http://hitpress.hit.edu.cn
印　　刷 哈尔滨久利印刷有限公司
开　　本 787mm×1092mm 1/16 印张10.5 总字数238千字
版　　次 2014年1月第1版 2018年2月第2版
　　　　 2018年2月第1次印刷
书　　号 ISBN 978-7-5603-7179-5
定　　价 21.80元

(如因印装质量问题影响阅读,我社负责调换)

《应用型本科院校"十三五"规划教材》编委会

主　任　修朋月　竺培国

副主任　王玉文　吕其诚　线恒录　李敬来

委　员　（按姓氏笔画排序）

丁福庆　于长福　马志民　王庄严　王建华

王德章　刘金祺　刘宝华　刘通学　刘福荣

关晓冬　李云波　杨玉顺　吴知丰　张幸刚

陈江波　林　艳　林文华　周方圆　姜思政

庹　莉　韩毓洁　蔡柏岩　臧玉英　霍　琳

序

　　哈尔滨工业大学出版社策划的《应用型本科院校"十三五"规划教材》即将付梓，诚可贺也。

　　该系列教材卷帙浩繁，凡百余种，涉及众多学科门类，定位准确，内容新颖，体系完整，实用性强，突出实践能力培养。不仅便于教师教学和学生学习，而且满足就业市场对应用型人才的迫切需求。

　　应用型本科院校的人才培养目标是面对现代社会生产、建设、管理、服务等一线岗位，培养能直接从事实际工作、解决具体问题、维持工作有效运行的高等应用型人才。应用型本科与研究型本科和高职高专院校在人才培养上有着明显的区别，其培养的人才特征是：①就业导向与社会需求高度吻合；②扎实的理论基础和过硬的实践能力紧密结合；③具备良好的人文素质和科学技术素质；④富于面对职业应用的创新精神。因此，应用型本科院校只有着力培养"进入角色快、业务水平高、动手能力强、综合素质好"的人才，才能在激烈的就业市场竞争中站稳脚跟。

　　目前国内应用型本科院校所采用的教材往往只是对理论性较强的本科院校教材的简单删减，针对性、应用性不够突出，因材施教的目的难以达到。因此亟须既有一定的理论深度又注重实践能力培养的系列教材，以满足应用型本科院校教学目标、培养方向和办学特色的需要。

　　哈尔滨工业大学出版社出版的《应用型本科院校"十三五"规划教材》，在选题设计思路上认真贯彻教育部关于培养适应地方、区域经济和社会发展需要的"本科应用型高级专门人才"精神，根据前黑龙江省委书记吉炳轩同志提出的关于加强应用型本科院校建设的意见，在应用型本科试点院校成功经验总结的基础上，特邀请黑龙江省9所知名的应用型本科院校的专家、学者联合编写。

　　本系列教材突出与办学定位、教学目标的一致性和适应性，既严格遵照学科体系的知识构成和教材编写的一般规律，又针对应用型本科人才培养目标及与之相适应的教学特点,精心设计写作体例,科学安排知识内容,围绕应用讲授理论,做到"基础知识够用、实践技能实用、专业理论管用"。同时注意适当融入新理论、新技术、新工艺、新成果,并且制作了与本书配套的PPT多媒体教学课件,形成立体化教材,供教师参考使用。

《应用型本科院校"十三五"规划教材》的编辑出版,是适应"科教兴国"战略对复合型、应用型人才的需求,是推动相对滞后的应用型本科院校教材建设的一种有益尝试,在应用型创新人才培养方面是一件具有开创意义的工作,为应用型人才的培养提供了及时、可靠、坚实的保证。

希望本系列教材在使用过程中,通过编者、作者和读者的共同努力,厚积薄发、推陈出新、细上加细、精益求精,不断丰富、不断完善、不断创新,力争成为同类教材中的精品。

第 2 版前言

作为应用型本科院校的教师，常常困惑于如何将理论知识更好地应用于实践，怎样提高学生的动手操作能力，如何培养学生综合分析问题、解决问题的能力。带着求解疑问并试图解决疑难的急切心情，编写了这本《财务管理基础知识训练与案例分析教程》，试图通过编者的浅显尝试，为应用型本科院校实训课程改革提供一些有价值的参考意见。

本教程共分为十章，以财务管理基本理论框架为基础设置各章实训内容。各章由实训要点、实训目的和要求引入，在基础理论知识结构图描绘的基础上设置本章导入案例，导入案例力求简单、明了，贴近大学生生活并能引起学生的兴趣，突破用财务案例解释财务现象的传统案例分析形式，只要能说明一个财务问题或道理，历史典故、体育健将、生活常识等都作为引导案例体现在各章中。考虑课堂理论教学的需要，基础知识部分仍以传统题型，即单项选择题、多项选择题、判断题和计算题为主，以此夯实学生的基本理论知识。如何增强课堂实训趣味性？经过探讨，在基础知识练习部分增加了教师和学生之间的课堂"互动环节"题型，由学生经过认真思考和讨论后给出答案，一些互动题型不设标准答案，以此来培养学生发散性的想象思维。大型案例分析题设置的初衷，就是为了提高学生综合解决实际财务问题的能力，有些案例还需要学生课后通过上网收集资料、实地调查、翻阅报刊书籍等才能作答，这样就充分调动起学生参与解决实际问题的积极性。技能实训要求学生针对本章具体的财务问题，到企、事业单位财务部门实地进行调查研究，给出实践指导意见和要求，课堂实训内容延伸到课外实践活动，真正做到理论联系实践。

本实训教程由黑龙江财经学院、哈尔滨金融学院会计及财务管理专业的教师共同编写，具体编写情况为：佟伯承编写第二章、第八章；宋海涛编写第一章、第四章、第五章、第六章、第九章、第十章；张敏思编写第三章；张慧妍编写第七章。

本教程体系由佟伯承进行统一规划，哈尔滨商业大学博士生导师周航担任主审，佟伯承、宋海涛进行后期修改和调整，各位参编教师深厚的专业知识和勤恳的敬业精神引领这本教材的创新设计，在此一并表示感谢。在编写过程中借鉴了国内众多学者的相关研究成果，在此一并表示深深的谢意。

由于编写时间仓促和专业知识技能有限，书中难免有疏漏和不足之处，我们深表歉意之时，满怀期待之心，恳请各位读者批评、指教。

编　者

2018.1

目　录

第一章　财务管理总论实训 ········· 1
　第一节　导入案例训练 ············ 2
　第二节　基础知识练习 ············ 5
　第三节　财务集权管理带来的烦恼 ······ 9
　第四节　技能实训 ·············· 10

第二章　财务管理价值观念实训 ······· 11
　第一节　导入案例训练 ············ 12
　第二节　基础知识练习 ············ 15
　第三节　资金时间价值及风险报酬决策案例分析 ··· 21
　第四节　技能实训 ·············· 23

第三章　筹资管理实训 ··········· 24
　第一节　导入案例训练 ············ 25
　第二节　基础知识练习 ············ 29
　第三节　筹资综合案例实训 ·········· 40
　第四节　技能实训 ·············· 43

第四章　项目投资管理实训 ········· 44
　第一节　导入案例训练 ············ 45
　第二节　基础知识练习 ············ 46
　第三节　杉杉控股项目投资管理案例分析 ··· 58
　第四节　技能实训 ·············· 60

第五章　证券投资管理实训 ········· 63
　第一节　导入案例训练 ············ 64
　第二节　基础知识练习 ············ 66
　第三节　证券投资管理案例分析 ······· 73
　第四节　技能实训 ·············· 76

第六章　营运资金管理实训 ········· 78
　第一节　导入案例训练 ············ 79
　第二节　基础知识练习 ············ 81
　第三节　营运资金管理案例分析 ······· 86
　第四节　技能实训 ·············· 95

第七章　财务预算与控制实训 ······· 97
　第一节　导入案例训练 ············ 98

第二节　基础知识练习…………………………………………………………101
　　第三节　汉斯公司的财务控制制度案例分析…………………………………106
　　第四节　技能实训………………………………………………………………110
第八章　财务分析与评价实训……………………………………………………………111
　　第一节　导入案例训练…………………………………………………………112
　　第二节　基础知识练习…………………………………………………………114
　　第三节　锋励公司财务分析案例分析…………………………………………120
　　第四节　技能实训………………………………………………………………123
第九章　收益分配管理实训………………………………………………………………124
　　第一节　导入案例训练…………………………………………………………125
　　第二节　基础知识练习…………………………………………………………128
　　第三节　苏宁电器收益分配案例分析…………………………………………133
　　第四节　技能实训………………………………………………………………137
第十章　公司并购、重组与清算实训……………………………………………………139
　　第一节　导入案例训练…………………………………………………………139
　　第二节　基础知识练习…………………………………………………………141
　　第三节　公司并购、重组与清算案例分析……………………………………145
　　第四节　技能实训………………………………………………………………154

参考文献………………………………………………………………………………………155

第一章 Chapter 1

财务管理总论实训

【本章实训要点】

通过本章学习,要求掌握企业财务管理的概念,财务活动及其内容,财务关系及其内容;了解企业财务管理目标及财务管理的环境;掌握财务管理的环节;理解财务管理的原则。

【实训目的和要求】

通过引导案例训练,使学生对企业财务管理工作有一个初步的认知,理解财务管理工作在企业管理活动中的核心作用;通过对基本理论知识的练习,使学生了解财务管理相关概念、内容、关系、目标及原则;能够借助实训案例,在教师的指导下,独立思考和分析所给案例资料,再结合有关理论,通过对案例的加工、整理与分析,拓展思维能力,根据企业的不同情况和要求,能够正确地对企业财务管理状况做出判断和预测,掌握应有的专业知识和技能。

【财务管理总论知识体系】

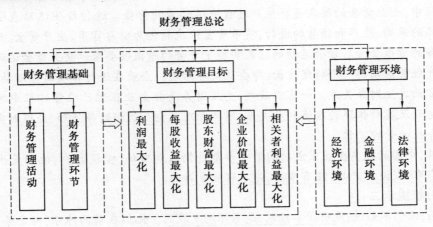

图1.1 财务管理总论知识结构图

第一节　导入案例训练

【案例一】

工欲善其事，必先利其器

（一）案例资料

> 春秋战国时期，齐国有一个喜欢打猎的人，花费许多时间去打猎，结果一无所获，回家之后，觉得愧对家人，决心不再打猎，安心种田。可是秋天到了，其收成也不如别人。
> 他仔细琢磨：为什么自己打猎猎不到猎物，种田也得不到好收成？最后才明白，打猎猎不到猎物，是因为没有好猎狗；种庄稼得不到好的收成，是因为没有好的肥料。等到他拥有了好的猎狗，每天都满载而归，终于实现了一个好猎手的心愿。
> ※思考问题：
> ①为什么好的猎狗能帮助猎人打到更多更好的猎物？
> ②你认为现代企业靠什么成功？
> ※课堂讨论：与市场营销比较，财务管理在企业中有何作用？

（二）案例分析提示

☺分析提示一

　　有的企业家说，他成功靠的是把握商机，反应迅速，比别人抢先一步占领市场。一发现目标，就抢先冲杀过去，占领制高点。有的企业家说，他成功靠的是科技，他们的研发别人难以取代，每当研发出炉的新产品上市时，就能取得垄断利润。还有的企业家说，他成功就靠投机取胜，钻市场的空子，打点政策"擦边球"。总之，企业家要成功，就要有武器，这个是前提。

　　一个各方面都欠缺的公司，拿什么来跟人家竞争？没有在激烈竞争中制胜的法宝，那不是要任人宰割了吗？资金犹如人体中的血液，在企业管理中显得尤为重要。在企业再生产过程中，企业资金的实质是再生产过程中运动着的价值。这种价值运动表现为随着实物商品的采购、生产和销售的进行，货币资金依次转化为储存货币、生产资金、产成品资金和更多的货币资金。资金运动的结果实现了资金的增值性要求。企业资金运动构成了企业生产经营活动的一个特定方面，即企业财务活动。企业在进行各项财务活动时，必然要与各方面发生财务关系。一言以蔽之，企业财务是指企业在生产经营过程中客观存在的资金运动及其所体现的经济利益关系。财务管理是企业组织财务活动、处理财务关系的一项综合性的管理工作。

　　目前，中国的很多企业家成功的第一步都是切入到市场，重视客户，他们天生就知道如果没有客户，没有产品，没有市场，是不可能生存的。

☺分析提示二

　　然而，他们不知道，没有成本控制，是不可能发展的。他们在前面冲杀，却忽略了身后，把前面的市场占领以后，背后却是一片狼藉。就像李自成、张献忠带领的农民军刚攻克了前面的一个城市，后面的城市却已经丢了，不重视大后方的巩固，占一个丢一个，到头来实力被一步步削弱,最终还是被打垮。很多中国企业家都不是因为销售问题而出现失误。比如德隆集团,号称中国最大的民营企业,资金链的断裂让他们在很短的时间内就从山峰跌到低谷。登山的时候,可能你要经历很多挫折,但是你登到半山腰,突然掉下去,就是一瞬间的事。没有成本意识,忽视了成本管理、财务管理,花钱没有控制,账上不知有多少现金,现金流断裂,利润不见,马上灭亡。缺少现金流的公司,随时都有可能被一刀杀死。

在很多企业里,员工每天辛苦忙到晚,领导者也跟着天天加班,可惜利润就是上不去。那你就要考虑,你的武器是否锋利,你的枪是否够尖,刀是否够快,管理方法是否够科学,管理制度是否够完善。中国有句古话:工欲善其事,必先利其器。要想把事情做好,首先要拥有好的工具。擦亮枪头,磨刀霍霍,勤练武艺,是企业成功的先决条件。你的武器就是财务管理,从现在开始,就要学会如何进行财务管理。

【案例二】

龙胜集团财务管理目标的演进

(一)案例资料

龙胜集团,成立于1956年,属于国营单位,当初设矿时,全部职工不过300人,拥有固定资产40万元,流动资金10万元,矿长刘军等一班人,均享有国家处级待遇,并全部由上级主管部门——某地区煤炭管理局任命。

龙胜集团在50多年的历史长河中,经历了三个发展阶段。

第一阶段:20世纪50~70年代,我国正处于计划经济时期,长期固守着产品经济模式,以产值最大化作为财务管理目标,实际上是追求产量最大。

第二阶段:20世纪80年代,随着我国经济体制改革的不断深入,经济体制从高度集中的产品经济转向商品经济,企业的经营权限不断扩大,企业的经济利益得到确认,这使得企业不得不关心市场、关心利润。因此这一阶段的企业财务管理目标为利润最大化。

第三阶段:20世纪90年代,随着我国市场经济体制的建立以及适应现代化的发展,股份制企业普遍产生,财产所有权与经营权日益出现分离。这一阶段,企业进行财务管理,要考虑不同的财务行为对股票市价的影响,即以股东财富最大化作为财务管理目标。

※思考问题:①什么是财务管理目标?
②简述各种财务管理目标的优缺点。

※课堂讨论:财务管理目标是否具有稳定性?

(二)案例分析提示

☺分析提示一

财务管理目标是指企业进行财务活动所要达到的根本目的,是企业各项财务活动的出发点和归宿。归纳起来主要有以下几种观点最具有代表性。

1. 利润最大化目标

在社会主义市场经济条件下,企业作为自主经营的主体,所创造的利润是企业在一定期间全部收入和全部费用的差额,是按照收入与费用配比原则加以计算的。它不仅可以直接反映企业创造剩余产品的多少,而且也从一定程度上反映出企业经济效益的高低和对社会贡献的大小。同时,利润是企业补充资本、扩大经营规模的源泉。因此,以利润最大化为理财目标是有一定道理的。

2. 每股收益最大化目标

所有者作为企业的投资者,其投资目标是取得资本收益,具体表现为净利润与出资额或股份数(普通股)的对比关系,这种关系可以用每股收益这一指标来反映。每股收益是指归属于普通股股东的净利润与发行在外的普通股股数的比值,它的大小反映了投资者投入资本获得回报的能力。

3. 股东财富最大化目标

股东财富最大化是指企业财务管理以实现股东财富最大为目标。在上市公司,股东财富是由其所拥有的股票数量和股票市场价格两个方面决定的。在股票数量一定时,股票价格达到最高,股东财富也就达到最大。

4. 企业价值最大化目标

投资者建立企业的重要目的,在于创造尽可能多的财富。这种财富首先表现为企业的价值。企业价值就是企业的市场价值,是企业所能创造的预计未来现金流量的现值,反映了企业潜在的或预期的获利能力和成长能力。未来现金流量的现值这一概念,包含了资金的时间价值和风险价值两个方面的因素。因为未来现金流量的预测包含了不确定性和风险因素,而现金流量的现值是以资金的时间价值为基础,对现金流量进行折现计算得出的。企业价值即是未来现金流量的现值,用公式表示为

$$企业价值 = \sum_{t=1}^{n} \frac{企业未来年收益}{(1+贴现率)^t}$$

由于企业未来收益的不确定性,企业价值很难用该公式衡量,所以这只能是理论公式。对于股份公司来说,股票价格被认为是企业各方面因素的共同作用结果,可以用来衡量企业价值大小。

以企业价值最大化作为财务管理的目标,其优点主要表现在:①该目标考虑了资金的时间价值和风险价值,有利于统筹安排长短期规划、合理选择投资方案、有效筹措资金、合理制定股利政策等;②该目标反映了对企业资产保值增值的要求,从某种意义上说,股东财富越多,企业市场价值就越大,追求股东财富最大化的结果可促使企业资产保值或增值;③该目标有利于克服管理上的片面性和短期行为;④该目标有利于社会资源合理配置。社会资金通常流向企业价值最大化或股东财富最大化的企业或行业,有利于实现社会效益最大化。

以企业价值最大化作为财务管理的目标也存在以下问题:①企业的价值过于理论化,不易操作。②对于非股票上市企业,只有对企业进行专门的评估才能真正确定其价值。而在评估企业的资产时,由于受评估标准和评估方式的影响,这种估价不易做到客观和准确,这也导致企业价值确定的困难。

5. 相关者利益最大化目标

在现代企业是多边契约关系的总和的前提下,要确立科学的财务管理目标首先就要考虑哪些利益关系会对企业发展产生影响。在市场经济条件下,企业的理财主体更加细化和多元化。企业的利益相关者应当包括股东、债权人、企业经营者、商品购买者、原材料

供应商、企业员工和政府等。因此,在确定企业财务管理目标时,不能忽视这些相关利益群体的利益。

相关者利益最大化作为财务管理目标,具有以下优点:①有利于企业长期稳定发展;②体现了多赢的价值理念,有利于实现企业经济效益和社会效益的统一;③这一目标本身是一个多元化、多层次的目标体系,较好地兼顾了各利益主体的利益;④体现了前瞻性和可操作性的统一。

☺分析提示二

从龙胜集团50多年的发展进程可以看出,其财务管理目标是随着时代的变迁、经济的发展及资本市场的不断完善而不断改变的。企业财务管理目标具有相对稳定性,在一定历史时期,由于企业内部、外部条件的限制可能暂时将某一种财务管理目标作为企业的发展目标。但是随着内外经济环境、政治环境、金融环境的变化,企业财务管理目标必然要发生改变,以适应各种环境变化给企业带来的影响。财务管理目标具有层次性,把企业财务管理的总目标分解到企业的各个部门,形成部门目标,甚至再进一步分解到班组织和各个岗位。

第二节 基础知识练习

一、单项选择题

1. 企业财务活动的核心内容是 (A)
   A. 资金运用 B. 利润分配
   C. 资金筹集 D. 日常资金营运
2. 企业实施了一项狭义的"资金分配"活动,由此而形成的财务关系是 ( )
   A. 企业与投资者之间的财务关系 B. 企业与受资者之间的财务关系
   C. 企业与债权人之间的财务关系 D. 企业与供应商之间的财务关系
3. 下列各项企业财务管理目标中,能够同时考虑资金的时间价值和投资风险因素的是 ( )
   A. 企业利润最大化 B. 相关者利益最大化
   C. 股东财富最大化 D. 企业价值最大化
4. 下列各项中,能够用于协调企业所有者与企业债权人矛盾的方法是 ( )
   A. 解聘 B. 接受
   C. 激励 D. 停止借款
5. 在资本市场上向投资者出售金融资产,比如发行股票和债券等,从而取得资金的活动属于 ( )
   A. 筹资活动 B. 投资活动
   C. 收益分配活动 D. 扩大再生产活动
6. 在财务管理的环节中,是财务预测和财务决策的具体化,同时又是财务控制和财务分析的依据的是 ( )

A. 财务预测 B. 财务预算
C. 财务控制 D. 财务决策

7. 企业财务管理环境与财务管理之间 (　　)

A. 无关系,各自独立运行
B. 有关系,财务管理环境制约着财务管理
C. 无关系,但相互影响
D. 有关系,财务管理作用于财务管理环境

8. 下列各项中,不属于财务管理的内容是 (　　)

A. 资金的筹集 B. 资金的投放
C. 资金的循环与周转 D. 资产的管理

二、多项选择题

1. 公司的财务活动包括 (　　)

A. 筹资活动 B. 投资活动
C. 股利分配活动 D. 清产核资活动

2. 在某公司财务目标研讨会上,张经理主张"贯彻合作共赢的价值理念,做大企业的财富蛋糕";李经理认为"既然企业的绩效按年度考核,财务目标就应当集中体现当年利润指标";王经理提出"应将企业长期稳定的发展放在首位,以便创造更多的价值"。上述观点涉及的财务管理目标有 (　　)

A. 利润最大化 B. 企业规模最大化
C. 企业价值最大化 D. 相关者利益最大化

3. 在不存在任何关联方交易的前提下,下列各项中,无法直接由企业资金营运活动形成的财务关系有 (　　)

A. 企业与投资者之间的关系 B. 企业与受资者之间的关系
C. 企业与政府之间的关系 D. 企业与职工之间的关系

4. 上市公司引入战略投资者的主要作用有 (　　)

A. 优化股权结构 B. 提升公司形象
C. 提高资本市场认同度 D. 提高公司资源整合能力

5. 以"企业价值最大化"作为财务管理目标的优点有 (　　)

A. 有利于社会资源的合理配置
B. 有助于精确估算上市公司价值
C. 反映了对企业资产保值增值的要求
D. 有利于克服管理上的片面性和短期行为

6. 企业财务管理的环节包括 (　　)

A. 财务预测、决策 B. 财务预算
C. 财务控制 D. 财务分析

7. 财务管理的原则包括 (　　)

A. 货币时间价值原则和资金合理配置原则

B. 成本-效益原则和风险-报酬均衡原则
C. 收支积极平衡原则
D. 利益关系协调原则

8. 企业财务管理的环境包括 （　　）
A. 经济环境　　　　　　　　B. 法律环境
C. 商业环境　　　　　　　　D. 金融环境

三、判断题

1. 进行企业财务管理，就是要正确权衡报酬增加与风险增加的得与失，努力实现两者之间的最佳平衡，使企业价值达到最大。（　　）
2. 财务管理是有关资金获得和有效使用的管理工作。（　　）
3. 就上市公司而言，将股东财富最大化作为财务管理目标的缺点之一是不容易被量化。（　　）
4. 在影响财务管理的各种外部环境中，金融环境是最为重要的。（　　）
5. 股东承担社会责任不会影响股东财富最大化目标的实现。（　　）
6. 企业财务管理的内容取决于企业生产活动的经济内容。（　　）
7. 由于企业的价值与预期的报酬成正比，与预期的风险成反比，所以企业的价值只有在报酬最大时才能达到最大。（　　）
8. 企业与政府之间的财务关系体现为投资和受资的关系。（　　）
9. 企业财务管理目标取决于企业的总目标。（　　）
10. 金融性资产的特征之间存在相关关系，收益性与流动性成反比，与风险性成正比。（　　）

四、互动环节

1. 财务管理的基本环节有哪些？它们之间的内在关系是什么？
☆_____

☺分析提示：财务管理环节是指财务管理工作的各个阶段，它包括财务管理的各种业务手段。财务管理的基本环节有：财务预测、财务决策、财务计划、财务控制和财务分析。这些管理环节互相配合，紧密联系，形成周而复始的财务管理循环过程，构成完整的财务管理工作体系。

2. 阅读分析

财务副总经理为能评价各业务部门的盈利问题而感到自豪，但是，在碰到营销开支问题的时候，他们就没精打采了。营销副总经理要求大笔的预算用于广告、促销活动和促销人员的开支，但花了这些钱究竟能增加多少销售额，却不能保证。

财务副总经理就怀疑营销人员所作的预算都是为自己作打算的，他们认为营销人员没有花足够的时间认真考虑营销支出与销售额之间的关系，没有认真考虑把预算用于更能盈利的方面。他们认为，营销人员轻率地杀价去争取订货，却不考虑如何通过定价去获得盈利。

在营销副总经理方面,他们常常认为,财务人员把钱袋扣得太紧,不肯花钱用于长期市场开发的投资,似乎是财务部门的人员过分保守、躲避风险,以致错过了许多宝贵的机会。

互动环节一:分别从财务及营销的角度分析,如果你是其中一个部门负责人,将如何协调两部门关系?

☺**分析提示**:以上矛盾冲突,实际上是对财务管理概念理解的偏差引起的,具体体现在如何对财务管理中投资的效益评价方面。对于费用的投放应该遵循财务管理的思想(最低的成本、最低的风险和最大的价值)。

以广告费用为例,国内许多企业因盲目投放广告,出现了损失。例如,秦池、步步高的标王广告、广东某企业的"汾煌"可乐产品广告等都使企业蒙受巨大的损失。这些问题都体现了对财务管理的本质内涵的误解。如何以财务管理思想指导广告呢?只有以具体市场且以事实为基础的广告促销才是符合财务管理原则的。

互动环节二:为什么财务部报销发票慢?

☺**分析提示**:财务部的发票报销工作进行得太慢是企业经常面临的一大问题。销售人员与财务人员好像永远都是对立的,因为销售部经常想的是"冲",而财务部想的却是"守";销售部想的是"给我批费用,让我做广告、做促销",而财务部想的却是"销售部没有现金就不要向我提这些要求";销售部的员工出差回来后拿着差旅发票报销,而财务部往往把发票一压就是几个月。

财务报销慢是一个非常普遍的现象。一个销售经理经常会遇到下属发这样的牢骚:"老板,这活儿没法干,我们在外面拼死拼活打市场,财务部那些人整天坐在空调房子里,就是不给我们报销发票。"销售经理遇到这种情况一定要谨慎处理,千万不能因重视"兄弟感情"而激发大家的怨气,这种做法只会令双方大打出手,从而使自己和员工都陷入困境。

这时候,销售经理应该马上对员工说:"你们闭上眼睛想一下,假如我们公司来发票就报,这个公司还有没有今天?一个企业要靠现金流来维持。销售部是耙子,财务部是匣子,不怕耙子没有齿,就怕匣子没有底,也就是不怕销售部业绩差,就怕财务部守不住钱。越是大的公司,财务流程越严格。公司的财务流程严格、报销慢,应该是你们的自豪;另外,你们要看看自己贴的发票有没有问题,有没有连号、有没有盖住票号等。这些问题都容易让财务部无法审核,我们先反省反省自己的问题。"说完这番话再告诉员工他自己的发票也没有报。

销售经理在告诉员工财务部的管理流程是正常的,同时引导他们进行自我反省之后,接下来要与财务部的经理进行沟通。要向财务部经理表示"发票报销慢不是你们的问题,而是我们自己的问题,我们的发票可能不合规范,请您告诉我们正确的贴法是怎样的。以后我们每个月指定一个内勤,每月5日交票,15日拿票,好吗?"这样高姿态有利于自己与财务部的沟通,同时也为以后解决双方的矛盾奠定良好的基础。

第三节 财务集权管理带来的烦恼

一、案例资料

湘北化学有 32 个子公司，每一个子公司都有自己的财务、会计系统，并都有财权，是独立的账户。因为每一个分支企业都有财权，加之公司管理机制的混乱，公司整体费用长年居高不下，利润被庞大的分支结构稀释掉了。企业所有者一气之下，一夜之间撤掉了所有子公司的财权，财务工作由母公司统一管理，所有的会计全部收回母公司，签单的权力只由一个人握有，就是企业所有者自己。所幸的是，企业 32 个子公司都在一个城市，这样一个人签单当然可以，虽然他每天必须花费 4~6 个小时来签单。但是加上各部门的审核时间、会计现金支取时间，从费用申请到资金到达往往历时四五天之久；同时，还存在一个非常普遍的问题，由于老板不可能事事亲历，所以他对一些费用使用的必要性持怀疑甚至否定态度。由于老板的前沿信息、临场经验等的缺乏，他一个人的判断难免有失偏颇，这就导致一些极好的生意机会由此丧失了。而且，如果每一项费用申请都是在四五天之后才得到安排，肯定会影响业务的进展。何况在这样一个高度集权的状态下，一个企业所有者不得不用全部的精力来管理财务，他自己也失去了提升个人素质和提升公司状况的机会。

二、理论知识链接

（1）本案例为财务管理体制的案例。集权管理有一定的优势，但处理不好也会使集权的弊病显现。本案例主要分析了集权管理存在的弊病。集权型财务管理体制下企业内部的主要管理权限集中在企业总部，企业对各所属单位的所有财务管理决策都进行集中统一，各所属单位没有财务决策权，企业内部的各项决策权均由企业总部制定和部署，这样可以充分发挥一体化管理的优势，有利于在整个企业内部优化配置资源，有利于实行内部调拨价格，降低资金成本和费用损失。但是在湘北化学，由于企业采用集权型财务管理体制，管理层前沿信息、临场经验等缺乏，不具备高度的素质能力和管理水平，同时在企业内部如果不能有一个及时、准确传递信息的网络系统，就很可能导致财务决策效率低下，信息得不到及时的反馈和执行，加之集权过度，还会使各所属单位缺乏主动性、积极性，更会丧失活力，创造性和应变能力被削弱，最终导致决策效率下降，失去了提升个人素质、提高公司竞争能力的机会，公司也失去了极好的市场机会。

（2）财务决策集权的集中与分散没有固定的模式，选择的模式也不是一成不变的。湘北化学有 32 个子公司，企业所有者不可能事事亲历，建议考虑集权与分权相结合的财务管理体制，将企业的重大决策权集中于企业总部，同时赋予各所属单位一定的自主经营权。在制度上，企业应制定统一的内部管理制度，明确财务权限及收益分配方法，各所属单位遵照执行，并根据自身的特点加以补充。在管理上，充分利用企业的各项优势，对部分权益集中管理，而不是高度集权；在经营上，充分调动各所属单位生产经营的积极性，各所属单位围绕企业发展战略和经营目标，在遵守企业统一制度的前提下，可自主制定生产经营的各项决策。为避免配合失误,明确责任,凡需要由企业总部决定的事项,在规定时间内企业总部应及时明确答复,否则,各所属单位有权自行处置。

三、实训项目要求

✿ 要求一：你认为湘北化学的统一性管理有必要性吗？在执行过程中,存在哪些问题？

☺ _____

_____

✿ 要求二：能否为湘北化学提出一些改进建议？

☺ _____

_____

第四节 技能实训

一、实训目的

开展实践调查活动,使学生了解财务管理的特点、作用及在企业管理中的重要位置,明确企业财务管理的目标和基本环节,增强学生对财务管理的感性认识、激发学生的学习兴趣和热情,为今后财务管理课程的学习和职场人生奠定基础。

二、实训内容

结合本章所学内容,联系当地一家企业,对其财务管理目标、财务关系、财务工作主要内容进行综合分析,形成书面材料,做成PPT在班级公开汇报,其他同学组成答辩小组公开答辩。

三、实训要求

（1）对学生进行分组,指定小组负责人联系合作单位,或学生合理利用社会关系自主联系实践单位。

（2）根据本实训教学的目的,拟定调查题目,列出调查提纲,指定调查表格。

（3）实地调查和采访时要注意自己的形象,能准确流利地表达自己的目的和愿望,以便得到对方的配合。

（4）对调查采访资料进行整理和总结,写出一份调查报告(1 000字左右),做成PPT在班级公开汇报。

第二章 Chapter 2

财务管理价值观念实训

【本章实训要点】

通过本章学习,要求掌握资金时间价值的概念、时间价值的计算、年金终值和现值的计算应用;了解风险及风险报酬的概念;掌握风险报酬的计量;理解证券组合的风险报酬。

【实训目的和要求】

通过导入案例训练,使学生对资金时间价值有一个初步的认知,理解货币资金的增值过程;通过对基本理论知识的练习,使学生了解时间价值和风险报酬的相关概念、内容、分类及计算方法。能够借助实训案例,在教师的指导下,独立思考和分析所给案例资料,再结合有关理论,通过对案例的加工、整理与分析,拓展思维能力,根据企业的不同情况和要求,能够正确地做出决策。

【财务管理价值观念知识体系】

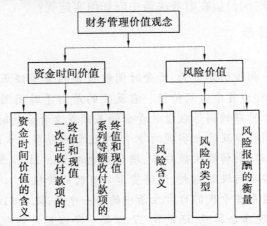

图2.1 财务管理价值观念知识结构图

第一节 导入案例训练

【案例一】

拿破仑的玫瑰花信誉

（一）案例资料

拿破仑1797年3月在卢森堡第一国立小学演讲时说了这样一番话："为了答谢贵校对我，尤其是对我夫人约瑟芬的盛情款待，我不仅今天呈上一束玫瑰花，并且在未来的日子里，只要我们法兰西存在一天，每年的今天我将亲自派人送给贵校一束价值相等的玫瑰花，作为法兰西与卢森堡友谊的象征。"时过境迁，拿破仑穷于应付连绵的战争和此起彼伏的政治事件，最终惨败而流放到圣赫勒拿岛，把对卢森堡的诺言忘得一干二净。

可卢森堡这个小国对这位"欧洲巨人与卢森堡孩子亲切、和谐相处的一刻"念念不忘，并载入他们的史册。1984年底，卢森堡旧事重提，向法国提出违背"赠送玫瑰花"诺言的索赔：要么从1797年起，用3路易作为一束玫瑰花的本金，以5厘复利（即利滚利）计息全部清偿这笔"玫瑰花"债；要么法国政府在法国政府各大报刊上公开承认拿破仑是个言而无信的小人。

起初，法国政府准备不惜重金赎回拿破仑的声誉，但却又被计算机算出的数字惊呆了：原本3路易的许诺，本息竟高达1 375 596法郎。经苦思冥想，法国政府斟词酌句的答复是："以后，无论在精神上还是在物质上，法国将始终不渝地对卢森堡大公国的中小学教育事业予以支持与赞助，来兑现我们的拿破仑将军那一诺千金的玫瑰花信誉。"这一措辞最终得到了卢森堡人民的谅解。

※思考问题：为何本案例中每年赠送价值3路易的玫瑰花相当于多年后一次性支付1 375 596法郎？

※课堂讨论：资金时间价值在财务决策中应如何实施呢？

（二）案例分析提示

☺分析提示一

资金时间价值一个初步的定义为：资金时间价值是指货币经历一定时间的投资和再投资所增加的价值，也称为货币时间价值。它反映的是由于时间因素的作用而使现在的一笔资金高于将来某个时期的同等数量的资金的差额或者资金随时间推延所具有的增值能力。资金的循环和周转以及因此实现的货币增值，需要或多或少的时间，每完成一次循环，货币就增加一定数额，周转的次数越多，增值额也越大。因此，随着时间的延续，货币总量在循环和周转中按几何级数增大，使得货币具有时间价值。

货币时间价值问题存在于我们日常生活中的每一个角落，我们经常会遇到这类问题，我们是花30万买一幢现房合算呢，还是花27万买一年以后才能住进的期房合算呢？货币时间价值是我们日常生活中一个非常重要而又容易被忽视的问题，很多企业在理财上也忽视了这个问题，从而导致企业周转的困难甚至破产。本文主要阐述了货币时间价值的概念、产生实质、与投资决策的关系，以及在投资决策中的具体运用等问题。所有这些都告诉我们一个简单的道理,也就是金融的两大基本原理之一:货币是具有时间价值的,今天的一元钱比明天的一元钱值钱。

☺ 分析提示二

货币时间价值的现实意义:

马克思经济学原理告诉了我们货币时间价值的产生实质。在马克思经济学原理中,马克思并没有用到"时间价值"这个概念,但正是他揭示了所谓"时间价值"就是剩余价值。

在发达的商品经济条件下,商品流通的变化形态是 G—W—G,企业首先将一笔资金 G 投入生产,用于购买必要的生产资料、劳动力等必需的资源 W,生产出产品,然后将产品送到流通领域销售出去,最终获得一笔资金 G。在生产过程中,企业投入人力、物力、财力,它们在生产过程中被消耗并转换成产品价值的一部分。而且,工人除了创造了补偿其劳动消耗所必需的价值之外,还创造出了剩余价值,这部分价值使生产出的产品的价值(C+V+M)大于初投入的价值(C+V),因此,销售产品所获得的资金 G 大于投入资金 G,即原预付价值不仅在流通中保存下来,而且在流通中改变了自己,有了一个增值,即货币随着时间的推移有了一个增加的价值,这部分增加的价值是工人创造的剩余价值,即时间价值的真正来源是工人创造的剩余价值,它不可能由"时间"创造,也不可能由"耐心"创造,只能由工人的劳动创造,如果没有工人的劳动,就算有一大笔资金也不会产生时间价值。

这也告诉我们,货币闲置不用是没有时间价值的,只有当作资本投入生产和流通后才能增值,因为货币时间价值既然来源于工人创造的剩余价值,如果闲置不用,也就是企业未将资金投入生产,没有必要的生产资源,工人怎么可能创造剩余价值,又怎么可能产生时间价值呢?在理解货币时间价值时,我们要注意两点:第一,货币时间价值是在没有风险和没有通货膨胀条件下的社会平均资金利润率,如果社会上存在风险和通货膨胀,我们还需将它们考虑进去。第二,不同时点单位货币的价值不等,不同时点的货币收支需换算到相同的时点上,才能进行比较和有关计算。因此,我们不能简单地将不同时点的资金进行直接比较,而应将它们换算到同一时点后再进行比较。

【案例二】

住房待遇方式选择

> 张教授是中国科学院院士,一日接到一家上市公司的邀请函,邀请他作为公司的技术顾问,指导开发新产品。邀请函的具体条件如下:
> (1)每个月来公司指导工作一天。
> (2)每年聘金 10 万元。
> (3)公司提供在 A 市住房一套,价值 80 万元。
> (4)在公司至少工作 5 年。

张教授对以上工作待遇很感兴趣,对公司开发的新产品也很有研究,决定应聘。但他不想接受住房,因为每月工作一天,只需要住公司招待所就可以了,这样住房没有专人照顾,因此他向公司提出,能否将住房改为住房补贴。公司研究了张教授的请求,决定可以在今后5年里每年年初给张教授支付20万元住房补贴。收到公司通知后,张教授又犹豫起来,因为如果向公司要住房,可以将其出售,扣除售价5%的契税和手续费后,他可以获得76万元,而若接受住房补贴,则每年年初可获得20万元,假设每年存款利率为2%,则张教授应该如何选择?

※思考问题:①为什么公司给教授的住房补贴要分期付款?
②你认为张教授应该如何选择?
※课堂讨论:资金时间价值在财务决策中如何实施呢?

☺分析提示一

年金是在一定时期内每次等额的收付款项。利息、租金、保险费、等额分期收款、等额分期付款以及零存整取或整存零取等一般都表现为年金的形式。年金的分类:按其每次收付款项发生的时点不同,可以分为普通年金(后付年金)、即付年金(先付年金、预付年金)、递延年金(延期年金)和永续年金等类型。

1. 普通年金

普通年金是指从第一期起,在一定时期内每期期末等额收付的系列款项,又称为后付年金。后付年金终值犹如零存整取的本利和,它是一定时期内每期期末等额收付款项的复利终值之和。

2. 即付年金

即付年金是指从第一期起,在一定时期内每期期初等额收付的系列款项,又称先付年金。即付年金与普通年金的区别仅在于付款时间的不同。

3. 递延年金

递延年金是指第一次收付款发生时间与第一期无关,而是隔若干期(m)后才开始发生的系列等额收付款项。它是普通年金的特殊形式。

4. 永续年金

永续年金是指无限期等额收付的特种年金。它是普通年金的特殊形式,即期限趋于无穷的普通年金。

不同种类年金的计算用以下不同的方法计算。年金一般用符号 A 表示。

普通年金终值:$F = A(F/A, i, n)$

普通年金现值:$P = A(P/A, i, n)$

即付年金的终值:$F = A[(F/A, i, n+1) - 1]$

即付年金的现值:$P = A[(P/A, i, n-1) + 1]$

递延年金现值:

第一种方法:$P = A[(P/A, i, n) - (P/A, i, m)]$

第二种方法:$P = A[(P/A, i, n-m) \times (P/F, i, m)]$

永续年金现值:$P = A/i$

A——年金；i——利率。

😊 **分析提示二**

关于张教授所要解决的问题，主要是要比较张教授每年收到20万元的现值与售房76万元的大小问题。由于住房补贴每年年初发放，因此对张教授来说是一个即付年金。其现值计算如下

$$P = A[(P/A,i,n-1)+1] =$$
$$20 \times [(P/A,2\%,4)+1] =$$
$$20 \times (3.8077+1) = 20 \times 4.8077 =$$
$$96.1546(万元)$$

从这一点来说，张教授应该接受住房补贴。

第二节 基础知识练习

一、单项选择题

1. 在以下论述中，货币时间价值的本质是 （　　）
   A. 存在风险和通货膨胀条件下的行业平均利润率
   B. 存在风险和通货膨胀条件下的社会平均利润率
   C. 没有风险和通货膨胀条件下的行业平均利润率
   D. 没有风险和通货膨胀条件下的社会平均利润率

2. 在以下表达式中，复利终值系数的表达式是 （　　）
   A. $(F/P,i,n)$　　　　　　　　　B. $(P/F,i,n)$
   C. $(F/A,i,n)$　　　　　　　　　D. $(A/F,i,n)$

3. 将100元钱存入银行，利息率为10%，计算5年后的终值应用 （　　）
   A. 复利终值系数　　　　　　　　B. 复利现值系数
   C. 年金终值系数　　　　　　　　D. 年金现值系数

4. 复利现值的计算公式为 （　　）
   A. $P = F(1+i)^{-n}$　　　　　　　B. $P = F(1+i)^n$
   C. $P = A\left[\dfrac{(1+i)^n - 1}{i}\right]$　　　　D. $P = A\left[\dfrac{1-(1+i)^{-n}}{i}\right]$

5. 普通年金是 （　　）
   A. 永续年金　　　　　　　　　　B. 预付年金
   C. 每期期末等额支付的年金　　　D. 每期期初等额支付的年金

6. 年偿债基金是 （　　）
   A. 复利终值的逆运算　　　　　　B. 年金现值的逆运算
   C. 年金终值的逆运算　　　　　　D. 复利现值的逆运算

7. 年资本回收额是 （　　）
   A. 复利终值的逆运算　　　　　　B. 年金现值的逆运算

C. 年金终值的逆运算　　　　　　　　　　D. 复利现值的逆运算

8. 普通年金又称为　　　　　　　　　　　　　　　　　　　　　　　　　（　　）
   A. 先付年金　　　　　　　　　　　　　B. 后付年金
   C. 递延年金　　　　　　　　　　　　　D. 永续年金

9. 计算先付年金现值时,应用下列公式中　　　　　　　　　　　　　　　（　　）
   A. $P = A \cdot (P/A, i, n)$　　　　　　　B. $P = A \cdot (P/A, i, n) \cdot (1 + i)$
   C. $F = A \cdot (F/A, i, n)$　　　　　　　D. $F = A \cdot (F/A, i, n) \cdot (1 + i)$

10. 预付年金现值系数与普通年金现值系数不同之处在于　　　　　　　　（　　）
    A. 期数减 1　　　　　　　　　　　　　B. 系数加 1
    C. 期数加 1,系数减 1　　　　　　　　D. 期数减 1,系数加 1

11. 下列公式中,计算永续年金的公式是　　　　　　　　　　　　　　　　（　　）
    A. $P = A \cdot \dfrac{1 - (1 + i)^{-n}}{i}$　　　　　　B. $P = A \cdot \dfrac{(1 + i)^n - 1}{i}$
    C. $P = A \cdot \dfrac{1}{i}$　　　　　　　　　　　D. $P = A \cdot \dfrac{1}{(1 + i)^n}$

12. 从财务的角度来看,风险主要是指　　　　　　　　　　　　　　　　　（　　）
    A. 无法达到预期报酬率的可能性　　　　B. 生产经营风险
    C. 筹资决策带来的风险　　　　　　　　D. 不可分散的市场风险

13. 在以下各项中,符合由于生产经营上的原因给企业年度总资产报酬带来不确定性的是　　　　　　　　　　　　　　　　　　　　　　　　　　　　　　　　（　　）
    A. 投资风险　　　　　　　　　　　　　B. 经营风险
    C. 财务风险　　　　　　　　　　　　　D. 道德风险

14. 投资者甘愿冒风险进行投资,是因为　　　　　　　　　　　　　　　　（　　）
    A. 进行风险投资可使企业获得报酬
    B. 进行风险投资可使企业获得等同于时间价值的报酬
    C. 进行风险投资可使企业获得超过时间价值的报酬
    D. 进行风险投资可使企业获得利润

15. 比较期望报酬率不同的两个或两个以上的方案的风险程度,应采用的指标是
    　　　　　　　　　　　　　　　　　　　　　　　　　　　　　　　　（　　）
    A. 标准离差　　　　　　　　　　　　　B. 标准离差率
    C. 概率　　　　　　　　　　　　　　　D. 风险报酬率

16. 风险和报酬的具体关系是　　　　　　　　　　　　　　　　　　　　（　　）
    A. 风险越大则要求的报酬率越低　　　　B. 风险和报酬的变化比率是相同的
    C. 风险和报酬不一定同时变动　　　　　D. 风险越小则要求的报酬率越低

17. 标准离差是各种可能的报酬率偏离下列哪一项指标的综合差异　　　　（　　）
    A. 期望报酬率　　　　　　　　　　　　B. 概率
    C. 风险报酬率　　　　　　　　　　　　D. 实际报酬率

18. 一项 1 000 万元的借款,借款期 3 年,年利率为 5%,若每半年复利一次,年实际利

率会高出名义利率 ( )
A. 0.16%　　　　　　　　　　　　B. 0.25%
C. 0.06%　　　　　　　　　　　　D. 0.05%

二、多项选择题

1. 按收付款的方式年金可分为 ( )
   A. 普通年金　　　　　　　　　　B. 预付年金
   C. 递延年金　　　　　　　　　　D. 永续年金

2. 下列年金中,可计算终值与现值的有 ( )
   A. 普通年金　　　　　　　　　　B. 预付年金
   C. 递延年金　　　　　　　　　　D. 永续年金

3. 普通年金现值的计算公式为 ( )
   A. $P = A \sum_{i=1}^{n} \frac{1}{(1+i)^t}$　　　　　　B. $P = A \frac{(1+i)^n - 1}{i}$
   C. $P = A(P/A, i, n)$　　　　　　D. $P = A \frac{1 - (1+i)^{-n}}{i}$

4. 下列表述正确的是 ( )
   A. 年金现值系数与年金终值系数互为倒数
   B. 偿债基金系数与年金终值系数互为倒数
   C. 偿债基金系数与年金现值系数互为倒数
   D. 资本回收系数与年金现值系数互为倒数

5. 递延年金具有下列哪些特点 ( )
   A. 第一期没有支付额　　　　　　B. 其终值大小与递延期长短有关
   C. 计算终值的方法与普通年金相同　D. 计算现值的方法与普通年金相同

6. 永续年金具有下列哪些特点 ( )
   A. 没有终值　　　　　　　　　　B. 没有期限
   C. 每期等额支付　　　　　　　　D. 每期不等额支付

7. 从企业本身看,风险可分为 ( )
   A. 系统风险　　　　　　　　　　B. 非系统风险
   C. 经营风险　　　　　　　　　　D. 财务风险

8. 在下列各种情况下,会给企业带来经营风险的有 ( )
   A. 企业过度举债　　　　　　　　B. 原材料价格发生变动
   C. 企业产品更新换代周期过长　　D. 企业产品的生产质量不稳定

9. 因借款而增加的风险为 ( )
   A. 市场风险　　　　　　　　　　B. 财务风险
   C. 经营风险　　　　　　　　　　D. 筹资风险

10. 甲、乙两方案的期望报酬率分别为20%和15%,标准差分别为40%和35%,则 ( )

A. 甲方案的风险小于乙方案的风险
B. 甲方案的风险大于乙方案的风险
C. 两个方案的风险无法比较
D. 甲方案的报酬离散程度小于乙方案的报酬离散程度

11. 在下列关于投资方案风险的讨论中,正确的是 （　　）
A. 预期报酬率的标准离差率越大,投资风险越大
B. 预期报酬率的标准离差率越小,投资风险越大
C. 预期报酬率的概率分布越窄,投资风险越小
D. 预期报酬率的概率分布越宽,投资风险越小

12. 风险和期望投资报酬率的关系是 （　　）
A. 期望报酬率＝无风险报酬率+风险报酬率
B. 期望报酬率＝无风险报酬率×风险报酬率
C. 期望报酬率＝无风险报酬率+风险程度
D. 期望报酬率＝无风险报酬率+风险报酬系数×标准离差率

三、判断题

1. 资金时间价值相当于没有风险情况下的社会平均资金利润率。（　　）
2. 利率不仅包含时间价值,而且也包含风险价值和通货膨胀补偿率。（　　）
3. 每半年付息一次的债券利息是一种年金的形式。（　　）
4. 计算递延年金终值的方法与计算普通年金终值的方法一样。（　　）
5. 预付年金就是指第一年年初支付的金额。（　　）
6. 永续年金没有终值。（　　）
7. 风险和收益是对等的。风险越大,获得高收益的机会也越多,期望的收益率也越高。（　　）

四、计算题

1. 某企业于 2006 年 1 月 1 日从银行取得贷款 50 万元,贷款年利息率为 9%,每年计复利一次,该贷款满三年后一次还本付息。要求计算三年后偿还的本利和。

2. 某企业准备在 4 年后投资 280 万元建一条生产线,现在提前存入银行一笔钱,4 年后连本带利恰好取出 280 万元,银行年利息率 12%,每年计一次复利。要求计算现在一次存入银行的本金。

3. 某人连续 5 年每年年末存入银行 10 000 元,利率为 5%。要求计算第 5 年年末的本利和。

4. 某人现在准备存入一笔钱,以便在以后的 20 年中每年年底得到 3 000 元,设银行存款利率为 10%。计算此人目前应存入多少钱。

5. 某企业于年初向银行借款 50 万元购买设备,第一年年末开始还款,每年还款一次,等额偿还,分 5 年还清,银行借款利率为 12%。试计算每年应还款多少。

6. 某人每年初存入银行 50 元,银行存款利息率为 9%。计算第 10 年末的本利和为

多少?

7. 公司需用一台设备,买价为 1 600 元,可用 10 年。如果租用,则每年年初需付租金 200 元。除此以外,买与租的其他情况相同。假设利率为 6%。则应采用哪种方式?

8. 企业向银行借入一笔款项,银行贷款的年利率为 10%,每年复利一次。银行规定前 10 年不用还本付息,但从第 11 年~第 20 年每年年末偿还本息 5 000 元。用两种方法计算这笔借款的现值。

9. 某公司拟购置一处房产,房主提出两种付款方案:
(1) 从现在起,每年年初支付 20 万元,连续支付 10 次,共 200 万元。
(2) 从第 5 年开始,每年年初支付 25 万元,连续支付 10 次,共 250 万元。
假设该公司的资金成本率(即最低报酬率)为 10%,你认为该公司应选择哪个方案?

10. 某公司拟在现有的甲证券的基础上,从乙、丙两种证券中选择一种风险小的证券与甲证券组成一个证券组合,有关的资料见表 2.1。

表 2.1 三种证券收益概率分布

可能情况的概率	甲证券在各种可能情况下的收益率	乙证券在各种可能情况下的收益率	丙证券在各种可能情况下的收益率
0.5	15%	20%	8%
0.3	10%	10%	14%
0.2	5%	-10%	12%

要求:计算应该选择哪一种证券。

五、互动环节

1. 阅读分析

苹果公司与租赁公司洽谈租赁事宜,租赁期 8 年。租赁商要求每年年初支付租金,而苹果公司则希望每年年末支付租金。最后商定,如果市场利率 10%,那么,若年初支付,则每年支付 1 万元;若年末支付,则每年支付 1.1 万元。

互动环节一:为什么苹果公司与租赁商同时考虑年初与年末支付租金的问题呢?

☆＿＿＿＿＿＿＿＿＿＿＿＿＿＿＿＿＿＿＿＿＿＿＿＿＿＿＿＿＿＿＿＿＿＿＿＿＿
＿＿＿＿＿＿＿＿＿＿＿＿＿＿＿＿＿＿＿＿＿＿＿＿＿＿＿＿＿＿＿＿＿＿＿＿＿＿

☺**分析提示**:租金是一种年金的形式,所谓的普通年金,又称"后付年金",它是指收付时点在每一期间期末的年金。关于年初年末支付的问题,举例如下:每年年末存入银行 50 000 元,2 年年末全部提取本息。这里的 50 000 元,就是普通年金。假设利率为 10%,单利计息,则到期可提取本金 100 000 元(50 000 × 2),可取得利息 5 000 元,具体计算如下。

第一个 50 000 元:
  第一年利息 = 0(元)(因是年末存入,当年无利息)
  第二年利息 = 50 000 × 10% = 5 000(元)

第二个 50 000 元:
  第一年利息 = 0(元)(因当年并未存入,则当年无利息)
  第二年利息 = 0(元)(因是年末存入,当年无利息)

而所谓的先付年金,又称"预付年金"。它是指收付时点在每一期间期初的年金。比如,每年年初存入银行 50 000 元,第 2 年年末全部提取本息。这里的 50 000 元,就是先付年金。假设利率为 10%,单利计息,则到期可提取本金 100 000 元(50 000×2),可取得利息 15 000 元,具体计算如下。

第一个 50 000 元:
第一年利息=50 000×10%=5 000(元)(因是年初存入,至年末产生一年的利息)
第二年利息=50 000×10%=5 000(元)
第二个 50 000 元:
第一年利息=0(元)(因当年并未存入,则当年无利息)
第二年利息=50 000×10%=5 000(元)(因是年初存入,至年末产生一年的利息)

由此可见,存入普通年金与存入先付年金的区别就在于"存入"年金的当年产生的利息不同,前者无而后者有。

互动环节二:如果不考虑货币时间价值,那么,年初与年末支付的租金有没有区别?
☆_____

2. 阅读分析并决策

某企业有 A、B 两个投资项目,计划投资额均为 1 000 万元,其收益额概率分布见表 2.2。

表 2.2 投资项目收益概率分布

平均状况	概率	A 项目收益额/万元	B 项目收益额/万元
好	0.2	200	300
一般	0.6	100	100
差	0.2	50	−50

互动环节一:分别计算 A、B 两个项目收益额的期望值。
☆_____

☺ **分析提示**:

$$E_A = 200 \times 0.2 + 100 \times 0.6 + 50 \times 0.2 = 110(万元)$$
$$E_B = 300 \times 0.2 + 100 \times 0.6 + (-50) \times 0.2 = 110(万元)$$

互动环节二:分别计算 A、B 两个项目期望值的标准离差。
☆_____

☺ **分析提示**:

$$\sigma_A = \sqrt{(200-110)^2 \times 0.2 + (100-110)^2 \times 0.6 + (50-110)^2 \times 0.2} = 48.99(万元)$$

$$\sigma_B = \sqrt{(300-110)^2 \times 0.2 + (100-110)^2 \times 0.6 + (-50-110)^2 \times 0.2} = 111.36(万元)$$

互动环节三：判断 A、B 两个项目的优劣。
☆_____

☺**分析提示**：两个项目的投资、期望收益相同，但 A 项目的标准离差小，其风险也小，故 A 项目优于 B 项目。

第三节　资金时间价值及风险报酬决策案例分析

一、覆兴公司资金时间价值分析

（一）案例背景

覆兴公司在中国建设银行哈尔滨科技支行设立一个临时账户，2010 年 4 月 1 日存入 15 万元，银行存款年利率为 3.6%。因资金比较宽松，该笔存款一直未予动用。2012 年 4 月 1 日覆兴公司拟撤销该临时账户，与银行办理销户时，银行共付给覆兴公司 16.08 万元。

（二）实训项目要求

要求一：写出 16.08 万元的计算过程。

要求二：如果覆兴公司将 15 万元放在单位保险柜里，存放至 2012 年 4 月 1 日，会取出多少钱？由此分析货币产生时间价值的根本原因。

要求三：货币时间价值为什么通常用"无风险无通货膨胀情况下的社会平均利润率"来表示？

二、沐锦公司开发方案案例分析

（一）案例背景

沐锦公司在 2011 年陷入了经营困境，其生产的果汁饮料因市场竞争激烈、消费者喜好产生变化等开始滞销。为开拓市场，沐锦公司准备在 2012 年开发两种新的饮料。

1. 开发洁清纯净水

面对全国范围内的节水运动及限制供应，尤其是北方十年九旱的特殊环境，开发部认为洁清纯净水将进入百姓的日常生活，市场前景看好，有关预测资料见表 2.3。

表 2.3　开发纯净水的市场预测资料

市场销路	概率	预计年利润
好	60%	150 万元
一般	20%	60 万元
差	20%	-10 万元

经过专家测定该项目的风险系数为 0.5。

2. 开发消渴啤酒

北方人豪爽、好客、爱畅饮；北方人的收入近年来明显增多，生活水平日益提高，亲朋好友的聚会也日益频繁。开发部据此提出开发消渴啤酒方案,有关市场预测资料见表 2.4。

表 2.4　开发消渴啤酒的市场预测资料

市场销路	概率	预计年利润
好	50%	180 万元
一般	20%	85 万元
差	30%	−25 万元

经过专家测定该项目的风险系数为 0.7。

三、理论知识链接

1. 基本概念

(1)风险。一般来讲,风险是指在一定条件下和一定时间内某一行动发生的不确定性,具有客观性,其大小随时间延续而变化。从财务管理的角度而言,风险就是企业在各项财务活动中由于各种难以预料或无法控制的因素作用,使企业的实际收益与预计收益发生背离,从而存在不确定的结果可能性。风险具有两面性,风险本身未必只能带来超出预计的损失,风险同样可以带来超出预期的收益。

(2)风险报酬。风险报酬是指投资者因冒风险进行投资而获得的超过时间价值的那部分额外的报酬。风险报酬率是指投资者因冒风险进行投资而获得的超过时间价值的那部分额外的报酬率。如果不考虑通货膨胀,投资者进行风险投资所要求或期望的投资报酬率就是资金的时间价值与风险报酬率之和,即

期望投资报酬率＝资金时间价值(或无风险报酬率)＋风险报酬率

2. 风险的分类

从个别理财主体的角度看,风险分为市场风险和企业特别风险两类。市场风险是指那些影响所有企业的风险,如战争、自然灾害、经济衰退、通货膨胀等,不能通过多角化投资来分散,因此,又称不可分散风险或系统风险。企业特别风险是发生于个别企业的特有事项造成的风险,如罢工、诉讼失败、失去销售市场等。这类事件是随机发生的,可以通过多角化投资来分散。这类风险也称可分散风险或非系统风险。从企业本身来看,按风险形成的原因可将企业特有风险进一步分为经营风险和财务风险两大类。

(1)经营风险。经营风险是指生产经营方面的原因给企业盈利带来的不确定性。

(2)财务风险。财务风险又称筹资风险,是指由于举债给企业财务带来的不确定性。

3. 风险衡量

风险客观存在,广泛地影响着企业的财务和经营活动,因此正视风险,将风险程度予以量化是财务管理的一项重要工作,风险与概率直接相关,并由此同期望值、标准离差、标准离差率等发生联系,因此对风险进行衡量时要考虑这几个指标值。

(1)确定概率分布。事件的概率是客观存在的,它具有以下特点:

任何事件的概率不大于 1,不小于 0,即 $0 \leq P_i \leq 1$。

所有可能结果的概率之和等于 1。

(2)离散型分布和连续型分布。

(3)预期值。随机变量的各个取值,以相应的概率为权数的加权平均数,叫作随机变量的预期值(数学期望或均值),它反映随机变量取值的平均化。

三、实训项目要求

✿要求一:如何理解风险?风险是怎样计量的?
☺_____
_____

✿要求二:如果你是公司经理,如何对两个产品开发方案的收益与风险予以计量,并进行方案评价。
☺_____
_____

✿要求三:结合风险价值相关知识点,对案例进行分析,阐述为何投资要具备风险意识。
☺_____
_____

第四节 技 能 实 训

一、实训目的

开展实践调查活动,使学生了解资金时间价值的概念、计量及在企业财务管理中的重要位置,明确风险和风险价值的计量,增强学生对相关知识的感性认识,激发学生的学习兴趣和热情,为今后财务管理课程的学习和职场人生奠定基础。

二、实训内容

结合本章所学内容,联系当地一家企业,对其财务管理中时间价值的运用、风险分析决策等主要内容进行综合分析,形成书面材料,做成PPT在班级公开汇报,其他同学组成答辩小组公开答辩。

三、实训要求

(1)对学生进行分组,指定小组负责人联系合作单位或学生合理利用社会关系自主联系实践单位。
(2)根据本实训教学的目的,拟定调查题目,列出调查提纲,指定调查表格。
(3)实地调查和采访时要注意自己的形象,能准确流利地表达自己的目的和愿望,以便得到对方的配合。
(4)对调查采访资料进行整理和总结,写出一份调查报告(1 000字左右),做成PPT在班级公开汇报。

第三章
Chapter 3

筹资管理实训

【本章实训要点】

通过本章学习,要求了解筹资的分类与意义;掌握筹资的渠道和方式,以及各种筹资方式的优缺点;掌握权益资金筹措的方式、特点和要求,以及负债资金筹措的方式、特点和要求。理解并掌握经营杠杆、财务杠杆和复合杠杆的意义和计算方法,以及资本结构与决策的方法等内容。

【实训目的和要求】

通过引导案例训练,使学生对企业筹资的渠道、方式有大致的了解;通过对基本理论知识的练习,使学生了解资金需要量的预测方法,掌握不同的筹资方式的优缺点;能够借助实训案例,在教师的指导下,独立思考和分析所给的案例资料,再结合有关理论,通过对案例的加工、整理与分析,拓展思维能力,根据企业的不同情况和要求,使企业付出较小的代价,筹集到所需资金。

【筹资管理知识体系】

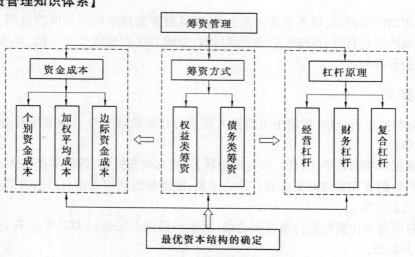

图 3.1 筹资管理任务知识结构图

第一节 导入案例训练

【案例一】

"田大妈"筹钱难

（一）案例资料

位于成都市近郊的新津县、拥有2亿多元资产、占全国泡菜市场60%份额的新蓉新公司，近年来却被流动资金的"失血"折磨得困苦不堪。企业创始人、总经理田玉文（人称"田大妈"）目前在由成都市委宣传部、统战部和市工商联联合召开的一次座谈会上大倒苦水。这位宣称"除了'田玉文'认不到几个字"的企业家当场发问："我始终弄不懂，像我们这样的企业，一年上税三四百万元，解决了附近十几个县的蔬菜出路，安排了六七千农民就业，从来没有烂账，为啥就贷不到款？"

新蓉新公司最近的流动资金状况的确很成问题。4、5月份正是蔬菜收购和泡菜出厂的旺季，该公司这段时间每天从农民手中购进价值70余万元的大蒜、萝卜等蔬菜，但田大妈坦言，她已经向农民打了400多万元的"白条"。

这种状况让田大妈非常苦恼。她能有今天，据她自己说，全靠她一诺千金。在她看来，"白条"所带来的信誉损失是难以接受的。新蓉新公司从零开始做到如今的2亿多，历史上只有工商银行的少量贷款，大部分资金是"向朋友借的"。也正是为了维护这种民间信用关系，田大妈近日一气偿还了"朋友"的借款共2 000多万元。据说，现在新蓉新公司的民间借款几乎已经偿清。

这也正是新蓉新公司目前面临流动资金困境的主要原因之一。此外，为了引进设备建一个无菌车间，田大妈新近花100多万元，购进土地110亩（1亩≈666.67米^2）。近日，田大妈同她的长子、新蓉新公司董事长陈卫东为此发愁：如果借不到800万元贷款，下一步就没法收购四季豆了。

田大妈说，一周前，公司已向工商银行提出了800万元贷款申请，但目前还没有动静。

据田大妈说，新蓉新公司现有资产2.63亿元，资产负债率10%左右。另据新津县委办公室负责人介绍，该公司目前已签了3亿多元供货合同，在国内增加了几百个网点，预计年内市场份额能达到80%。

※课堂讨论：公司为什么要借款？案例中，银行为何惜贷呢？

（二）案例分析提示

☺分析提示：企业借款可以作为资本金的重要来源，也可缓解流动资金紧张的状况。企业融资渠道和方式有很多，但适用于中小企业的却很少。像田大妈这样的民营企业融资方式不规范，融资渠道狭窄，求贷无门的案例在我国经济生活中还相当普遍。

民营企业贷款难的主要原因有：国有银行对民营企业的所有制歧视、银行发放贷款偏好大型企业的大笔贷款、中小企业资信较差、可供抵押的物品少和财务会计不规范等。因此,要解决民营企业贷款难问题,从外部条件来看:一是政府出面组建民营企业担保基金,推进国有银行的观念转变和机制转换,在立法上对国有银行对民营企业的贷款比例提出要求。二是建立民营企业募集股份,发行债券渠道,大力发展柜台交易并加以规范。三是鼓励成立地区性、社区性和民间性质的合作金融组织,积极引进外资银行。四是大力发展金融中介服务机构,如小企业诊断所等,为银行贷款提供专业化信息服务。

从民营企业自身来看,要积极推进内部管理水平的提高,规范财会工作,加强内部控制制度建设;强化产品创新,提高产品的科技含量和知识含量,着力增强企业无形资产投资,有效阻止竞争者的介入;提高盈利水平,注重留利,降低对外部资本的依赖度;改善用人制度,积极引进管理、技术方面的人才;树立良好的财务形象,给股东和债权人满意的回报,为进一步融资和降低资本成本创造条件;在房地产、设备方面舍得投入,增强企业的可供抵押品比重;充分利用租赁、商业信用、民间信用、吸收直接投资等现有融资渠道,搞好与政府、银行的关系,争取银行的理解和支持;通过并购扩大企业规模,增强企业的融资能力。

【案例二】

乐奇奇公司筹资方式选择

(一)案例资料

乐奇奇公司是一家集玩具的研发、生产、销售为一体的制造业企业,由于玩具制造行业是一个竞争激烈的行业,有大量企业跻身在这个行业中,其中许多企业既缺乏资金又缺乏管理能力。但由于这一行业对资金的需求相对较少,对技术的要求也相对较低,新的竞争者很容易加入进来。该行业的另一个特点就是一个公司可以通过设计和生产某种新奇的流行玩具暂时在行业竞争中处于领先地位,也能产生高额的利润,直到竞争者也能提供类似的产品。

据调查,随着中国经济的发展,中国城乡居民的消费支出中,玩具类支出将越来越大。中国16岁以下儿童有3.6亿左右,约占总人口的20%。目前中国儿童消费已占到家庭总支出的30%左右,全国0~12岁的孩子每月消费总额超过35亿元。但中国14岁以下的儿童和青少年的人均年玩具消费仅20~30元人民币(2.4~3.6美元),远低于亚洲儿童人均年玩具消费13美元和全世界儿童人均年玩具消费34美元的水平。如果中国玩具消费达到亚洲平均水平,市场规模预计将突破300亿元人民币。内地玩具市场未来将以每年40%的速度增长,到2016年,销售额将超过1 000亿元人民币。

通过一系列的调研以后,乐奇奇公司决定在2013年度研发并生产新产品一种新型玩具——××,据统计公司需筹集资金1 000万元,为此,乐奇奇公司李董于2013年初主持召开由管理部经理王总、技术部经理赵总和财务部经理张总组成的内部研讨会,商讨本公司的筹资问题,事实证明公司目前的资本结构和财务风险等是比较合理的,因此李董的要求是新的筹资计划尽量不要对公司的资本结构和财务方面所面临的风险产生影响。

已知,乐奇奇公司目前的资本结构见表3.1。

表3.1　乐奇奇公司资本结构表

资本种类	资金/万元	所占比重
长期借款	750	15%
债券	1 750	35%
普通股	2 500	50%

长期借款年利率为9%,手续费忽略不计;债券年利率为10%,筹资费率为2%,适用的所得税率为25%;股票每股面值1元,发行价为25元,共100万股,今年期望股利为1元/股。本年的息税前利润EBIT为485万元,预计明年的息税前利润目标为648万元,假设此处利息只考虑因长期借款和发行债券所产生的利息。

首先,经过讨论,大家一致认为单纯地运用某种筹资方式是不可行的。单一的筹资方式易致"猝死",企业很容易出现资金链断裂问题。因此,应该多种筹资方式综合运用。对此,各位分别提出了各自的具体方案。

王总认为:应该以普通股筹资为主要方式,因为普通股不需要还本,股息也不需要像借款和债券一样需要定期定额支付,此外,普通股还能增强公司的信誉和知名度,为公司即将推出的新产品奠定良好的基础。因此,王总的方案见表3.2。

表3.2　筹资结构表

资本种类	金额/万元
长期借款	150
债券	350
普通股	500

由于新增发行债券,企业负债增加,投资人风险加大,新发行债券利率增至12%才能发行,预计普通股股利不变,但由于风险加大,普通股市价降至20元/股。

赵总认为:应该以债务性筹资为主要方式,因为在玩具制造业中取胜的关键在于创新,凭借这一点企业可以在行业中暂时处于领先地位,直至其他企业的类似产品出现,这就意味着抓住机遇对于从事玩具制造的企业来说是至关重要的,如果因为筹资出现问题而被别的企业抢了先机,后果可想而知。而债务性筹资较权益性筹资快,且具有抵税作用。因此,赵总的方案见表3.3。

表3.3　筹资结构表

资本种类	新增资本/万元
长期借款	200
债券	500
普通股	300

此处发行债券的利率提至12.7%,股票的发行价格为20元。

张总认为:各种筹资方式各有利弊,且公司目前各方面状况都基本趋于平衡,因此各种筹资方式的筹资规模应是相对均衡的。

此处,债券利率提至14%,股票发行价格为20元。

※思考问题:
① 筹资的分类有哪些?
② 什么是资本结构?

※课堂讨论:企业筹集资金的动机是什么?

(二)案例分析提示

☺**分析提示一**：企业筹资按不同的标准运行分类。

1. 按资金的权益特性不同分类

按资金的权益特性不同分为股权筹资、债务筹资和混合性筹资。

(1)股权筹资形成股权资本,也称为企业的自有资本、主权资本或权益资本。股权资本通过吸收直接投资、发行股票、内部积累等方式取得。股权资本由于一般不用还本,形成了企业的永久性资本,因而财务风险小,但付出的资本成本相对较高。

(2)债务筹资形成负债资本,到期要归还本金和支付利息,具有较大的财务风险,但付出的资本成本相对较低。

(3)混合性筹资包括兼具股权与债务特性的混合融资和其他衍生工具融资。我国上市公司目前最常见的混合融资是可转换债券融资,最常见的其他衍生工具融资是认股权证融资。

2. 按是否借助银行等金融机构为媒介分类

按是否借助银行等金融机构为媒介分为直接筹资和间接筹资两种类型。

(1)直接筹资是企业直接与资金供应者协商融通资本的一种筹资活动。直接筹资方式主要有吸收直接投资、发行股票、发行债券等。

(2)间接筹资是企业借助银行等金融机构融通资本的筹资活动。间接筹资的基本方式是向银行借款。

3. 按资金来源范围不同分类

按资金来源范围不同分为内部筹资和外部筹资两种类型。

(1)内部筹资是指企业通过利润留存而形成的筹资来源,其数额大小主要取决于可供分配利润的多少和股利政策。

(2)外部筹资是指企业向外部筹措资金而形成的筹资来源,如发行股票、发行债券、银行借款等。

企业筹资时首先利用内部筹资,然后再考虑外部筹资。

4. 按所筹资金使用期限长短分类

按所筹资金使用期限长短分为长期筹资和短期筹资两种类型。

(1)长期筹资指企业使用期限在一年以上的资金筹集活动,通常采取吸收直接投资、发行股票、发行债券、长期借款、融资租赁等方式。

(2)短期筹资指企业使用期限在一年以内的资金筹集活动,通常利用商业信用、短期借款、保理业务等方式。

☺**分析提示二**：资本结构是指企业各种资本的构成及其比例关系。在理论上,资本结构有广义和狭义两种：广义的资本结构指全部资本的构成,即自有资本和负债资本的对比关系；狭义的资本结构是指自有资本与长期负债资本的对比关系,而将短期债务资本作为营业资本管理。

现代企业独资的情况很少。每个企业有可能也有必要从不同来源、采取多种方式筹集所需资本。各种资本的资金成本、约束条件、融资效益、相关风险、权利要求等会有所不同。目前,企业的资本结构问题备受关注,因为资本结构作为企业的价值构成,包含着企业的一系列结构问题,是企业在财务决策和规划中对以下各种结构的综合反映。

所以,资本结构是对企业预期收益、资金成本、筹资风险以及产权分布等加以系统的、综合的概括的结果。资本结构设计是企业筹资过程中在财务杠杆利益、筹资成本与筹资风险等各要素之间寻求一种合理的均衡。资本结构合理与否在很大程度上决定企业的偿债和再筹资能力及未来盈利能力。

目前,大多数企业研究的资本结构通常是指企业长期负债和所有者权益的比重(在股份公司是指长期负债和股东权益的比例)。资本结构问题总体来说是负债比例问题,即在企业的总资本中负债占有多大比例。

第二节 基础知识练习

一、单项选择题

1. 相对于负债融资方式而言,采用吸收直接投资方式筹措资金的优点是 ( )
   A. 有利于降低资金成本   B. 有利于集中企业控制权
   C. 有利于降低财务风险   D. 有利于发挥财务杠杆作用

2. 在下列各项中,能够引起企业自有资金增加的筹资方式是 ( )
   A. 吸收直接投资   B. 发行公司债券
   C. 利用商业信用   D. 留存收益转增资本

3. 根据财务管理理论,按照资金来源渠道不同,可将筹资分为 ( )
   A. 直接筹资和间接筹资   B. 内源筹资和外源筹资
   C. 权益筹资和负债筹资   D. 短期筹资和长期筹资

4. 某公司 2014 年预计营业收入为 50 000 万元,预计销售净利率为 10%,股利支付率为 60%。据此可以测算出该公司 2014 年内部资金来源的金额为 ( )
   A. 2 000 万元   B. 3 000 万元
   C. 5 000 万元   D. 8 000 万元

5. 相对于发行股票而言,发行公司债券筹资的优点为 ( )
   A. 筹资风险小   B. 限制条款少
   C. 筹资额度大   D. 资金成本低

6. 下列各项中属于商业信用的是 ( )
   A. 商业银行贷款   B. 应付账款
   C. 应付工资   D. 融资租赁信用

7. 采用销售百分率法预测资金需要量时,下列项目中被视为不随销售收入的变动而变动的是 ( )
   A. 现金   B. 应付账款
   C. 存货   D. 公司债券

8. 企业向租赁公司租入一台设备,价值 500 万元,租期为 5 年,租赁费综合率为

12%,若采用先付租金的方式,则平均每年支付的租金为 ( )
　　A.123.8万元　　　　　　　　　　B.138.7万元
　　C.245.4万元　　　　　　　　　　D.108.6万元

9.某企业拟以"3/15,n/35"的信用条件购进原料一批,则企业放弃现金折扣的机会成本为 ( )
　　A.2%　　　　　　　　　　　　　B.36.73%
　　C.18%　　　　　　　　　　　　　D.55.67%

10.某企业取得银行为期一年的周转信贷协定,金额为100万元,年度内使用了60万元(使用期平均8个月),假设利率为每年12%,年承诺费率为0.5%,则年终支付利息和承诺费共为 ( )
　　A.5万元　　　　　　　　　　　　B.5.1万元
　　C.7.4万元　　　　　　　　　　　D.6.3万元

11.某企业按年利率4.5%向银行借款200万元,银行要求保留10%的补偿性余额,则该项贷款的实际利率为 ( )
　　A.4.95%　　　　　　　　　　　　B.5%
　　C.5.5%　　　　　　　　　　　　D.9.5%

12.企业在选择筹资渠道时,下列各项中需要优先考虑的因素是 ( )
　　A.资金成本　　　　　　　　　　　B.企业类型
　　C.融资期限　　　　　　　　　　　D.偿还方式

13.一般而言,企业资金成本最高的筹资方式是 ( )
　　A.发行债券　　　　　　　　　　　B.长期借款
　　C.发行普通股　　　　　　　　　　D.发行优先股

14.乙企业向银行借入资金1 000万元,期限为10年,利率为9%,发生借款手续费2 000元,所得税税率为25%,则该借款成本为 ( )
　　A.6.03%　　　　　　　　　　　　B.6.75%
　　C.8%　　　　　　　　　　　　　D.9%

15.某公司发行总面额为500万元的10年期债券,票面利率为12%,发行费用率为5%,公司所得税税率为25%。该债券采用溢价发行,发行价格为600万元,该债券的资本成本为 ( )
　　A.6.46%　　　　　　　　　　　　B.7.89%
　　C.10.24%　　　　　　　　　　　 D.9.3%

16.某企业发行普通股1 000万股,每股面值1元,发行价为每股5元,筹资费率为4%,每年股利固定,为每股0.20元,则该普通股成本为 ( )
　　A.4%　　　　　　　　　　　　　B.4.17%
　　C.16.17%　　　　　　　　　　　 D.20%

17.某公司普通股目前的股价为10元/股,筹资费率为5%,刚刚支付的每股股利为2元,股利固定增长率为4%,则该企业利用普通股的资本成本为 ( )
　　A.25.9%　　　　　　　　　　　　B.21.9%

C.24.4% D.25.1%

18.目前国库券收益率13%,市场投资组合收益率为18%,而该股票的β系数为1.2,那么该股票的资金成本为 （　　）
A.19% B.13%
C.18% D.6%

19.目前无风险收益率6%,假定A公司股票的风险溢价为8%,那么该股票的资金成本为 （　　）
A.6% B.8%
C.14% D.12%

20.一般而言,在其他因素不变的情况下,固定成本越高,则 （　　）
A.经营杠杆系数越小,经营风险越大 B.经营杠杆系数越大,经营风险越小
C.经营杠杆系数越小,经营风险越小 D.经营杠杆系数越大,经营风险越大

21.经营杠杆带给企业的风险是指 （　　）
A.业务量变动导致息税前利润更大变动的风险
B.成本上升的风险
C.业务量变动导致息税前利润同比例变动的风险
D.利润下降的风险

22.某企业没有任何负债,则其财务杠杆作用 （　　）
A.将增强 B.将下降
C.不复存在 D.存在

23.财务杠杆的作用在于增加负债资金可以 （　　）
A.增加每股利润 B.增加利息支出
C.减少财务风险 D.增加财务风险

24.某工业企业的财务杠杆系数为2,经营杠杆系数为3,则企业的销售量每增加1%,企业的每股利润 （　　）
A.增加2% B.增加3%
C.增加5% D.增加6%

25.企业的复合杠杆系数越大,则 （　　）
A.每股利润的波动幅度越小 B.每股利润的波动幅度越大
C.每股利润增幅越大 D.复合风险越小

26.最佳资本结构是指企业在一定时期 （　　）
A.企业价值最大的资本结构
B.企业目标资本结构
C.加权平均资金成本最低的目标资本结构
D.加权平均资金成本最低,企业价值最大的资本结构

27.某公司的权益和负债筹资额的比例为5∶4,当负债增加在100万元以内时,综合资金成本率为10%。若资金成本和筹资结构不变,当发行增加100万元的负债时,筹资总额分界点为 （　　）

31

A. 200 万元 B. 225 万元
C. 180 万元 D. 400 万元

28. 已知某企业目标资金结构中长期债务的比重为20%,债务资金的增加额在0~10 000 元范围内,其利率维持5%不变,该企业与此相关的筹资总额分界点为 ( )

A. 5 000 元 B. 20 000 元
C. 50 000 元 D. 200 000 元

29. 下列各项中,运用普通股每股利润(每股收益)无差别点确定最佳资金结构时,需计算的指标是 ( )

A. 息税前利润 B. 营业利润
C. 净利润 D. 利润总额

30. 企业在追加筹资时,需要计算 ( )

A. 综合资金成本 B. 边际资金成本
C. 个别资金成本 D. 变动成本

二、多项选择题

1. 企业权益性筹资方式有 ( )

A. 吸收直接投资 B. 发行债券
C. 发行优先股 D. 发行普通股

2. 下列筹资方式中,筹集资金属于企业负债的有 ( )

A. 银行借款 B. 发行债券
C. 融资租赁 D. 商业信用

3. 留存收益是企业内源性股权筹资的主要方式,下列各项中,属于该种筹资方式特点的有 ( )

A. 筹资数额有限 B. 不存在资本成本
C. 不发生筹资费用 D. 改变控制权结构

4. 普通股筹资的优点是 ( )

A. 没有固定到期日,无需偿还 B. 没有固定的股利负担
C. 融资风险小 D. 能增强公司的举债能力

5. 对于股权融资而言,长期银行借款筹资的优点有 ( )

A. 筹资风险小 B. 筹资速度快
C. 资本成本低 D. 筹资数额大

6. 企业发行票面利率为 i 的债券时,市场利率为 k,下列说法中正确的有 ( )

A. 若 $i<k$,债券溢价发行 B. 若 $i>k$,债券折价发行
C. 若 $i>k$,债券溢价发行 D. 若 $i<k$,债券折价发行

7. 下列属于筹资管理中应遵循的原则有 ( )

A. 研究各种筹资方式,优化资本结构
B. 合理安排筹资时间,适时取得资金
C. 分析生产经营情况,正确预测资金需要量

D. 了解各种筹资渠道,选择资金来源
8. 在确定因放弃现金折扣而发生的信用成本时,需要考虑的因素有 （　　）
   A. 数量折扣百分比　　　　　　　　B. 现金折扣百分比
   C. 折扣期　　　　　　　　　　　　D. 信用期
9. 在短期借款的利息计算和偿还方法中,企业实际负担利率高于名义利率的有
   （　　）
   A. 利随本清付息　　　　　　　　　B. 贴现法付息
   C. 贷款期内定期等额偿还贷款　　　D. 到期一次偿还贷款
10. 直接影响企业资金成本大小的主要因素有 （　　）
    A. 筹资数额　　　　　　　　　　　B. 筹资费用
    C. 每年的用资费用　　　　　　　　D. 投资结构
11. 在计算下列各项资金的筹资成本时,需要考虑筹资费用的有 （　　）
    A. 普通股　　　　　　　　　　　　B. 债券
    C. 长期借款　　　　　　　　　　　D. 留存收益
12. 下列项目中,属于用资费用的是 （　　）
    A. 借款手续费　　　　　　　　　　B. 借款利息
    C. 普通股股利　　　　　　　　　　D. 印刷费用
13. 下列关于经营杠杆的说法中,正确的有 （　　）
    A. 企业经营杠杆系数越大,经营风险就越大
    B. 在其他因素不变的情况下,固定成本越高,经营杠杆系数就越大
    C. 经营杠杆系数与息税前利润变动率成反比例变动
    D. 经营杠杆系数与边际贡献变动率成反比例变动
14. 财务杠杆作用存在的前提是由于存在 （　　）
    A. 固定利息　　　　　　　　　　　B. 普通股股利
    C. 资金成本　　　　　　　　　　　D. 优先股股利
15. 下列各项中,影响复合杠杆系数变动的因素有 （　　）
    A. 固定经营成本　　　　　　　　　B. 边际贡献
    C. 变动成本　　　　　　　　　　　D. 固定利息
16. 某公司目前的净利润为750万元,所得税税率为25%,利息200万元,固定生产经营成本为300万元,预计销量上涨10%,则下列表述正确的是 （　　）
    A. 经营杠杆系数为1.25　　　　　　B. 财务杠杆系数为1.2
    C. 复合杠杆系数为1.5　　　　　　 D. 预计每股收益增长率为15%
17. 复合杠杆系数的计算公式为 （　　）
    A. 每股利润变动率/产销量变动率
    B. 经营杠杆系数×财务杠杆系数
    C. 边际贡献/(息税前利润-利息)
    D. [(销售单价-单位变动成本)×业务量]/[(销售单价-单位变动成本)×业务量-固定成本总额-利息]

18. 确定企业资金结构时 （ ）
A. 如果企业的销售不稳定,则可较多地筹措负债资金
B. 为了保证原有股东的绝对控制权,一般应尽量避免普通股筹资
C. 若预期市场利率会上升,企业应尽量利用短期负债
D. 所得税率越高,举借负债利益越明显

19. 下列各项中,可用于确定企业最优资金结构的方法有 （ ）
A. 高低点法　　　　　　　　　B. 公司价值分析法
C. 比较资金成本法　　　　　　D. 息税前利润-每股利润分析法

20. 下列有关资金结构的表述正确的是 （ ）
A. 企业资金结构应同资产结构相适应
B. 资金结构变动不会引起资金总额的变动
C. 资金成本是市场经济条件下,资金所有权与使用权相分离的产物
D. 按照等级筹资理论,筹资时首先是偏好内部筹资,其次如果需要外部筹资,则偏好债务筹资

三、判断题

1. 就企业筹资而言,筹资渠道很大程度上属于客观存在,需要筹资方式的选择主要属于企业的主观能动行为。（ ）

2. 处于成长期的企业,由于承担风险的能力弱,所以要尽可能使用内部筹资方式,以避免承担过大的风险。（ ）

3. 与长期负债融资相比,流动负债融资的期限短、成本低,其偿债风险也相对较小。（ ）

4. 在债券面值与票面利率一定的情况下,市场利率越高则债券的发行价格越低。（ ）

5. 企业按照销售百分比法预测出来的资金需要量,是企业在未来一定时期资金需要量的增量。（ ）

6. 与普通股筹资相比,债券筹资的资金成本低,筹资风险高。（ ）

7. 从出租人的角度来看,杠杆租赁与售后租回或直接租赁并无区别。（ ）

8. 采用贴现法付息时,企业实际可用的贷款额会增加,所以其实际利率会高于名义利率。（ ）

9. 补偿性余额的约束有助于降低银行贷款风险,但同时也减少了企业实际可动用借款额,提高了借款的实际利率。（ ）

10. 资金成本是投资人对投入资金所要求的最低收益率,也可作为判断投资项目是否可行的取舍标准。（ ）

11. 由于经营杠杆的作用,当息税前利润下降时,普通股每股盈余会下降得更快。（ ）

12. 发行股票筹资,既能为企业带来杠杆利益,又具有抵税效应,所以企业在筹资时应优先考虑发行股票。（ ）

13. 超过筹资总额分界点筹集资金,只要维持现有的资金结构,其资金成本率就不会增加。（　　）

14. 最优资金结构是使企业筹资能力最强、财务风险最小的资金结构。（　　）

四、计算题

1. 某企业购入 20 万元商品,卖方提供的信用条件为"2/10,n/30",若企业由于资金紧张,延至第 50 天付款,放弃折扣的成本是多少?

2. 某公司向银行借入短期借款 10 000 元,支付银行贷款利息的方式同银行协商后的结果是:

方案一:采用收款法付息,利息率为 14%;
方案二:采用贴现法付息,利息率为 12%;
方案三:利息率为 10%,银行要求的补偿性余额比例为 20%。
请问:如果你是该公司财务经理,你选择哪种借款方式,并说明理由。

3. 某公司 2013 年 12 月 31 日的资产负债表见表 3.4。

表 3.4　资产负债表

2013 年 12 月 31 日　　　　　　　　　　　　　　　　　　　　　　　　　　单位:万元

资　产	金额	负债与所有者权益	金额
现金	5 000	应付费用	10 000
应收账款	15 000	应付账款	5 000
存货	30 000	短期借款	25 000
固定资产净值	30 000	公司债券	10 000
		实收资本	20 000
		留存收益	10 000
资产合计	80 000	负债与所有者权益合计	80 000

假定该公司 2013 年的销售收入为 100 000 万元,销售净利率为 10%,股利支付率为 60%,公司现有生产能力尚未饱和,增加销售无需追加固定资产投资。经预测,2014 年该公司销售收入将提高到 120 000 万元,企业销售净利率和利润分配政策不变。

销售百分比法的预测程序为:

(1)预计销售额增长率。
(2)确定随销售额变动而变动的资产和负债项目,见表 3.5。

表 3.5　销售额比率表

资产	占销售收入%	负债与所有者权益	占销售收入%
现金		应付费用	
应收账款		应付账款	
存货		短期借款	不变动
固定资产净值	不变动	公司债券	不变动
		实收资本	不变动
		留存收益	不变动
资产合计		负债与所有者权益合计	

（3）确定需要增加的资金。

（4）根据有关财务指标的约束条件，确定对外界资金需求的数额。

4. 某企业 2013 年 12 月 31 日的资产负债表见表 3.6。

表 3.6　资产负债表

2013 年 12 月 31 日　　　　　　　　　　　　　　　　　　　　　　　　　　　　单位：元

资产	金额	负债与所有者权益	金额
现金	10 000	应付费用	10 000
应收账款	30 000	应付账款	20 000
存货	60 000	短期借款	50 000
固定资产净值	60 000	公司债券	20 000
		实收资本	40 000
		留存收益	20 000
资产合计	160 000	负债与所有者权益合计	160 000

该公司 2013 年的销售收入为 200 000 元，现在还有剩余生产能力，增加收入不需要增加固定资产的投资。假如销售净利率为 10%，净利润的 60% 将分配给投资者。如果 2014 年销售收入提高 20%。

要求：（1）预测 2014 年需要增加的资金量。

（2）预测 2014 年需要向外筹集的资金量。

5. 某企业历史上现金占用与销售收入之间的关系见表 3.7。

表 3.7　销售收入与现金占用表

年度	销售收入/元	现金占用/元
1	120 000	80 000
2	140 000	90 000
3	136 000	88 000
4	160 000	100 000
5	158 000	110 000

要求：（1）采用高低点法计算不变资金和单位变动资金。

（2）当第 6 年销售收入为 190 000 元时，预测其需要占用的现金数额。

6. 某企业拟筹资 4 000 万元。期中，按面值发行债券 1 000 万元，筹资费率 2%，债券年利率为 5%；普通股 3 000 万元，发行价为 10 元/股，筹资费率为 4%，第一年预期股利为

1.2元/股,以后各年增长5%;所得税税率为33%。计算该筹资方案的加权平均资金成本。

7. 甲公司2013年销售商品50 000件,每件销售单价为100元,单位变动成本为40元,全年固定经营成本为1 000 000元。该公司资产总额为6 000 000元,负债占55%,债务资金的平均利息率为8%,每股净资产为4.5元。该公司适用的所得税税率为25%。

要求:(1)单位边际贡献;(2)边际贡献总额;(3)息税前利润;

(4)利润总额;(5)净利润;(6)每股收益;

(7)2014年的经营杠杆;(8)2014年的财务杠杆;

(9)2014年的复合杠杆。

8. B公司为一上市公司,适用的企业所得税税率为25%,相关资料如下。

资料一:2013年12月31日发行在外的普通股为10 000万股(每股面值1元),公司债券为24 000万元(该债券发行于2011年年初,期限5年,每年年末付息一次,利息率为5%),该年息税前利润为5 000万元。假定全年没有发生其他应付息债务。

资料二:B公司打算在2014年为一个新投资项目筹资10 000万元,该项目当年建成并投产。预计该项目投产后公司每年息税前利润会增加1 000万元。现有甲、乙两个方案可供选择,其中:甲方案为增发利息率为6%的公司债券,乙方案为增发2 000万股普通股。假定各方案的筹资费用均为零,且均在2014年1月1日发行完毕。部分预测数据见表3.8。

表3.8 预测表

项目	甲方案	乙方案
增资后息税前利润/万元	6 000	6 000
增资前利息/万元		1 200
新增利息/万元	600	
增资后利息/万元	(A)	
增资后税前利润/万元		4 800
增资后税后利润/万元		3 600
增资后普通股股数/万股		
增资后每股收益/万元	0.315	(B)

说明:上表中空白处表示省略的数据。

要求:(1)根据资料一计算B公司2014年的财务杠杆系数。

(2)确定表中用字母表示的数值(不需要列示计算过程)。

(3)计算甲、乙两个方案的每股收益无差别点息税前利润。

(4)用EBIT-EPS分析法判断应采取哪个方案,并说明理由。

9. 某公司适用的所得税税率为25%,2014年有关资料见表3.9。

表3.9 公司资产负债表

编制单位： 2013年12月31日 单位：万元

资产	金额	负债及所有者权益	金额
现金	200	应付费用	500
应收账款	2 800	应付账款	1 300
存货	3 000	短期借款	1 200
非流动资产	4 000	公司债券	1 500
		股本（每股面值2元）	1 000
		资本公积	2 000
		留存收益	2 500
合计	10 000	合计	10 000

说明：现金、应收账款和存货属于敏感性资产，应付费用和应付账款属于敏感性负债。

为了提高20%的销售收入，2014年需要增加流动资产投资100万元。2014年如果不从外部增加负债，则利息费用为180万元。2013年的销售收入为10 000万元，留存收益为200万元，预计2014年的留存收益为340万元。2014年若从外部追加资金，则有两个方案可供选择。

A方案：以每股市价6.5元发行普通股股票，发行费用为每股0.5元。

B方案：按照120.1元的价格发行票面利率为12%的债券，每年付息一次，到期一次还本，每张面值100元，每张债券的发行费用为0.1元。

要求：(1) 按销售百分比法，预测2014年需从外部追加的资金。
　　　(2) 计算A方案中发行的普通股股数。
　　　(3) 计算B方案的债券筹资总额、每年支付的利息以及资本成本。
　　　(4) 计算A、B两个方案的每股利润无差别点。
　　　(5) 若预计2014年可以实现的息税前利润为1 300万元，确定公司应选用的筹资方案。

五、互动环节

1. 美欢公司计划建造一项固定资产，寿命期为5年，需要筹集资金600万元。现有以下三种筹资方式可供选择。

方式一：目前市场平均收益率为10%，无风险收益率为4%；如果市场平均收益率增加2%，则该公司股票的必要收益率会增加0.8%。

方式二：如果向银行借款，则手续费率为1%，年利率为5%，且每年计息一次，到期一次还本。

方式三：如果发行债券，债券面值为1 000元，期限为5年，票面利率为6%，每年计息一次，发行价格为1 150元，发行费率为5%。

公司的所得税税率为25%。

互动环节一：根据方式一，利用资本资产定价模型计算普通股的筹资成本：

★_____

☺ 分析提示：

股票的必要收益率＝无风险收益率＋该公司股票的系数β×（市场平均收益率－无风险收益率）

由"如果市场平均收益率增加2%，该公司股票的必要收益率会增加0.8%"可知

该公司股票的系数β＝0.8%÷2%＝0.4

普通股的筹资成本＝4%＋0.4×(10%－4%)＝6.4%

互动环节二：计算长期借款的筹资成本：

☆＿＿＿＿＿＿＿＿＿＿＿＿＿＿＿＿＿＿＿＿＿＿＿＿＿＿＿＿＿＿＿＿＿＿＿＿

＿＿＿＿＿＿＿＿＿＿＿＿＿＿＿＿＿＿＿＿＿＿＿＿＿＿＿＿＿＿＿＿＿＿＿＿＿＿

☺ 分析提示：

$$长期借款的筹资成本＝\frac{长期借款年利息×(1-所得税税率)}{[长期借款筹资总额×(1-筹资费率)]}×100\%＝$$

$$\frac{6\,000\,000×5\%×(1-25\%)}{6\,000\,000×(1-1\%)}×100\%＝3.79\%$$

互动环节三：计算发行债券的筹资成本：

☆＿＿＿＿＿＿＿＿＿＿＿＿＿＿＿＿＿＿＿＿＿＿＿＿＿＿＿＿＿＿＿＿＿＿＿＿

＿＿＿＿＿＿＿＿＿＿＿＿＿＿＿＿＿＿＿＿＿＿＿＿＿＿＿＿＿＿＿＿＿＿＿＿＿＿

☺ 分析提示：

$$发行债券的筹资成本＝\frac{债券年利息×(1-所得税税率)}{[债券筹资金额×(1-筹资费率)]}×100\%＝$$

$$\frac{1\,000×6\%×(1-25\%)}{1\,150×(1-5\%)}×100\%＝4.12\%$$

互动环节四：根据以上三种计算结果，你认为该公司应选择哪种筹资方式？

☆＿＿＿＿＿＿＿＿＿＿＿＿＿＿＿＿＿＿＿＿＿＿＿＿＿＿＿＿＿＿＿＿＿＿＿＿

＿＿＿＿＿＿＿＿＿＿＿＿＿＿＿＿＿＿＿＿＿＿＿＿＿＿＿＿＿＿＿＿＿＿＿＿＿＿

☺ 分析提示：

由以上计算可知，在三种筹资方式中，长期借款的筹资成本最低，所以该公司应选择长期借款筹集资金。

2. 天硕公司只生产和销售甲产品，其总成本习性模型为$y＝1\,000\,000＋4x$。假定该公司2013年度产品销售量为100万件，每件售价6元，每股收益为1.2元。按市场预测2014年产品的销售数量将增长10%，固定生产经营成本和单位边际贡献不变，不增发新股，所得税税率不变。

互动环节一：计算2013年的边际贡献总额：

☆＿＿＿＿＿＿＿＿＿＿＿＿＿＿＿＿＿＿＿＿＿＿＿＿＿＿＿＿＿＿＿＿＿＿＿＿

＿＿＿＿＿＿＿＿＿＿＿＿＿＿＿＿＿＿＿＿＿＿＿＿＿＿＿＿＿＿＿＿＿＿＿＿＿＿

☺ 分析提示：

2013年的边际贡献总额＝100×6－100×4＝200（万元）

互动环节二：计算2014年预计的边际贡献总额：

☆＿＿＿＿＿＿＿＿＿＿＿＿＿＿＿＿＿＿＿＿＿＿＿＿＿＿＿＿＿＿＿＿＿＿＿＿

☺分析提示：

2014年预计的边际贡献总额=200×(1+10%)=220(万元)

互动环节三：计算2014年的经营杠杆系数：

☆_____

_____

☺分析提示：

$$2014年的经营杠杆系数=\frac{2013边际贡献总额}{2013年边际贡献总额-固定生产经营成本}=200÷(200-100)=2$$

互动环节四：计算2014年息税前利润增长率：

☆_____

_____

☺分析提示：

2014年息税前利润增长率=2×10%=20%

互动环节五：假定该公司2013年的利息费用为20万元，预计2014年不变，计算2014年财务杠杆系数和复合杠杆系数及每股收益。

☆_____

_____

☺分析提示：

$$2014年财务杠杆系数=\frac{200-100}{200-100-20}=1.25$$

2014年复合杠杆系数=2×1.25=2.5=

或 $\frac{200}{200-100-20}=2.5$

2014年每股收益增长率=10%×2.5=25%

2014年每股收益=1.2×(1+25%)=1.5(元)

第三节 筹资综合案例实训

一、保利地产融资背景资料

（一）企业概况

保利房地产(集团)股份有限公司是中国保利集团控股的大型国有房地产企业，是中国保利集团房地产业务的运作平台，是国家一级房地产开发资质企业。2006年7月31日，公司股票在上海证券交易所挂牌上市，成为在股权分置改革后，重启IPO市场的首批上市的第一家房地产企业。保利房地产(集团)股份有限公司成立于1992年，国有房地产企业综合实力榜首，并连续四年蝉联央企房地产品牌价值第一名。2009年，公司品牌价值达90.23亿元,为中国房地产"成长力领航品牌"。2009年获评房地产上市公司综合价值第一名,并入选"2008年度中国上市公司优秀管理团队"。2009年公司实现销售签约433.82亿元。截至2010年一季度,公司总资产已超千亿。自2007年1月起,公司入选"上证50""上证180""沪深300"和"中指100"指数样本股。公司的主营业务是房地产开发、销售、租赁及其物业管理。公司秉承"务实、创新、规范、卓越"的经营理念,一贯主张与坚持"和谐、自然、舒适"的开发理念与产品特色,并将"和谐"提升至公司品牌建设战略的高度。

(二)资本结构的影响因素

1. 企业的资产状况

由于固定资产在清算变现时的价值损失低于无形资产,因此,总资产中固定资产所占比例较大的企业负债能力强,破产成本较小,故负债比率较高;反之亦然。在保利房地产(集团)有限公司2009年度和2010年度披露的半年报、年报共四份财务报表中,数据显示该公司的固定资产比重较低且有继续下降的趋势。

2. 企业的盈利能力

盈利能力强的企业可以产生大量的利润,内部积累可以在很大程度上满足企业的资金需求,故这类企业的负债比率较低。近五年保利地产的每股收益从2007~2009年小幅下跌,在2010年却增加。再结合报表中披露的息税前利润的信息,可以看出近两年该公司的息税前利润有所增加(如2009年到2010年净增加了约5 527 187.51元),因此可以得出该公司盈利能力较强,故负债比率较低。

3. 资金成本

债务的资金成本通常低于权益的资金成本,但过多债务会加重企业的负担,从而产生不能按时还本付息的风险,不利于企业经营。

4. 企业的成长率

企业的成长率对企业资本结构的影响并不确定,主要有两方面因素作用:成长率高的企业资金需求大,最适合的快速融资并且成本不高的就是债务融资;这类企业的未来收益具有较大不确定性,债权人承担风险较大,故企业较难获得债务资金。保利地产作为成立20年的公司,理应已经进入稳步提升的阶段,但公司的净利润增长率在近两年的波动还是比较大的,具有较大不确定性,因而获得债务资金具有一定难度。

5. 企业的风险状况

在进行资本结构决策时,需要考虑企业的风险承受能力和由此带来的成本。如果企业的息税前利润稳定、营业风险低,那么相对来说可以承担较高的财务风险,故可以保持较高的负债比率。

6. 企业的控制权

企业的控制权取决于企业所有者对控制权的掌握欲望。若发行新股会稀释股东的持股比例,降低企业所有者的控制权,所以他们可能会采用债务融资方式,此时负债比率会提高。

7. 企业的信用等级和债权人的态度

如果企业进行过多的债务融资,其财务风险将会上升,随之引起的财务危机成本就会影响债权人的利益,使得企业的信用级别下降。保利地产的信用评级可以得到 AAA 级(即最高级),较高的信用等级使得该公司较易获得债务融资。

8. 行业因素

不同行业在负债比率上一直有显著差异,因为不同行业的企业的经营风险、负债能力、折旧等非负债项目带来的避税可能性等方面存在着很大差异。由于房地产行业是近年来国内较热的行业,前景大好,因此承受风险的能力较强。故保利地产的负债能力也相应提升。

(三) 保利地产债务融资分析

为了偿还借款,优化公司债务结构,补充公司流动资金,2008 年 7 月 8 日保利房地产(集团)股份有限公司公布了有关公开发行公司债券的公告,公告中详述了本次公司债券发行的发行对象、发行总额、票面利率及发行方式等内容,具体见表 3.10。

表 3.10 保利房地产发行债券类型一览表

债券类型	企业债券		
发行总额/万元	430 000	期限/年	5
起息日期	2008-07-11	到期日期	2013-07-11
最新信用评级	AAA	评级机构	中信证券评估有限公司
发行价格/元	100	面值/元	100
票面利率	7%	利率类型	固定利率
息票品种	附息	附息频率	每年付息一次
计息方式	单利	付息日说明	每年 7 月 11 日付息节假日顺延
计息税率	20%	兑付手续费	
上市日期	2008-07-21	发行日期	2008-07-08
发行方式	网上面向社会公众投资者公开发行、网下面向机构投资者询价配售相结合	承销方式	余额包销
主承销商	中信证券股份公司		

2008 年 7 月 16 日,保利房地产(集团)有限公司公布了本次债券的发行结果,网上一般社会公众投资者的认购数量为 4.30 亿元人民币,占本期公司债券发行总量的 10%。网下机构投资者认购数量为 38.70 亿元人民币,占本期公司债券发行总量的 90%。

二、理论知识链接

债券融资优点分析:

(1) 资金成本低。与股票相比,企业发行债券的成本较低,一是债券发行的费用较低,二是债券利息在所得税之前支付,可以为企业带来节税收益,故企业实际负担的债券成本一般低于发行股票的成本。

(2) 保证控制权。债券持有者不直接参与公司的经营管理,故债券筹资不会分散企业的控制权。

(3)降低代理成本。

三、实训项目要求

✿要求:试讨论保利地产进行债券筹资时采用的发行方法和如何确定发行价格。

第四节 技 能 实 训

一、实训目的

通过筹资决策的案例,引导学生对企业筹资时能够运用的各种筹资渠道、筹资方式进行对比分析,使学生系统掌握筹资的各种方式,加强对筹资方式的运用和理解,加强学生的实际动手能力,提高对这部分专业知识的应用。

二、实训内容

结合本章所学内容,寻找一家企业,根据报表所反映的数据,来分析该企业在筹资过程中所采用的筹资方式,并分析其资本结构,计算相应的资金成本,形成书面材料,做成PPT在班级公开汇报。

三、实训要求

(1)要求学生掌握筹资的动机、筹资的渠道和筹资的方式。
(2)根据本实训教学的目的,拟定筹资报告。

Chapter 4

项目投资管理实训

【本章实训要点】

通过本章学习,要求了解项目投资的类型及项目投资的程序;熟悉项目计算期的构成及项目投资资金投入方式;掌握项目投资现金流量的估算方法;掌握项目投资评价指标的计算及运用;测算固定资产更新的决策和所得税与折旧对项目投资的影响。

【实训目的和要求】

通过项目投资决策的实训,使学生比较系统地掌握项目投资决策的相关理论,加强对所学的关于项目投资决策方法的运用和理解,加强学生的实际动手操作能力,提高对这部分专业知识的应用。能够借助实训案例资料,结合有关的理论知识,通过实际案例分析,在教师的指导下,独立思考和分析所给的案例资料,拓展思维能力,掌握应有的专业知识和相关技能。

【项目投资管理知识体系】

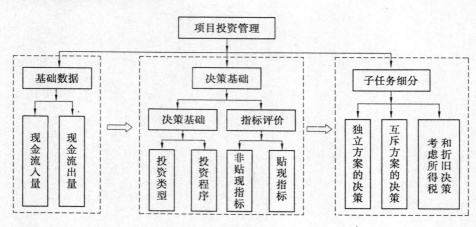

图4.1 项目投资任务知识结构图

第一节　导入案例训练

【案例一】

9年征战NBA，姚明因伤退役

（一）案例资料

> 2011年7月9日，雅虎体育的专家阿德里安-沃纳罗斯基在美国时间周五放出了一个震惊全世界的消息，那就是来自中国的火箭中锋姚明，决定要退役了。在2个小时后，NBA官方网站刊登消息，姚明退役的消息得到确认。姚明自从2002年以状元秀的身份加盟火箭队之后，9年的生涯都在火箭队效力。经历了9个伤痕累累的赛季之后，姚明终于决定告别NBA。7月20日，姚明在上海召开新闻发布会，宣布正式退役。
> ※思考问题：姚明参加比赛获胜的前提条件是什么？
> ※课堂讨论：
> ①对企业而言，要正常运营和发展，其关键是什么？
> ②如何防范企业运营的意外事故？

（二）案例分析提示

☺分析提示一

一个运动员要夺冠，首先，是个自然人，有运动能力；其次，要有健康的体质，能够承受剧烈的运动；再者，成绩比较好，要超过一般运动员。

☺分析提示二

企业破产并不完全是因为经营不善或企业产品没有发展前景，而是因为无力偿还债务。我国《破产法》规定，企业因到期无法偿还债务，可以由债务人申请债权人破产。所以，请管理者务必理解"现金至尊"的道理，任何时候都不考虑现金状况的企业，在不知不觉中也可能离破产不远了。

【案例二】

龙胜集团财务管理目标的演进

（一）案例资料

> 人一出生就与金钱结下了不解之缘。如果我们把人的一生看成一项投资活动，那么，对于各个阶段的净现金流量你会如何规划？

（二）案例分析提示

☺分析提示

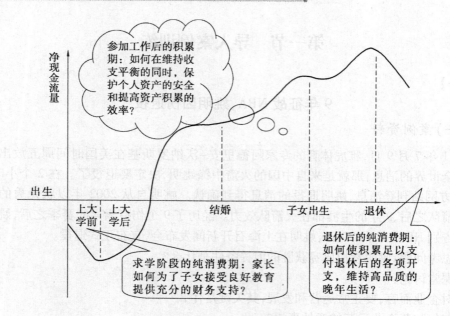

图 4.2　个人成长现金流量图

第二节　基础知识练习

一、单项选择题

1. 项目投资决策中,完整的项目计算期是指 （　　）
   A. 建设期　　　　　　　　　　B. 运营期
   C. 建设期+达产期　　　　　　D. 建设期+运营期

2. 下列各项中,不属于资本支出项目的是 （　　）
   A. 购置新设备　　　　　　　　B. 新产品的研制与开发
   C. 现有产品的改造　　　　　　D. 购买股票

3. 在财务管理中,将企业为使项目完全达到设计生产能力、开展正常经营而投入的全部现实资金称为 （　　）
   A. 项目总投资　　　　　　　　B. 现金流量
   C. 建设投资　　　　　　　　　D. 原始投资

4. 某投资项目运营期某年的总成本费用(不含财务费用)为 1 100 万元,其中,外购原材料、燃料和动力费估算额为 500 万元,工资及福利费的估算额为 300 万元,固定资产折旧额为 200 万元,其他费用为 100 万元。据此计算的该项目当年的经营成本估算额为 （　　）
   A. 1 000 万元　　　　　　　　B. 900 万元
   C. 800 万元　　　　　　　　　D. 300 万元

5. 已知某工业投资项目的固定资产投资为 2 000 万元,无形资产投资为 200 万元,开办费投资为100万元。预计投产后第二年的总成本费用为1 000万元,同年的折旧额为200万元,无形资产摊销额为40万元,开办费在投产第一年全部摊销,计入财务费用的利息支出为60万元,则投产后第二年用于计算净现金流量的经营成本为（ ）

A.1 300万元 B.760万元
C.700万元 D.300万元

6.某投资项目原始投资额为100万元,使用寿命10年,已知该项目第10年的经营净现金流量为25万元,期满处置固定资产残值收入及回收流动资金共8万元,则该投资项目第10年的净现金流量为（ ）

A.8万元 B.25万元
C.33万元 D.43万元

7.某投资项目各年的预计净现金流量分别为：$NCF_0 = -200$万元,$NCF_1 = -50$万元,$NCF_{2-3} = 100$万元,$NCF_{4-11} = 250$万元,$NCF_{12} = 150$万元,则该项目包括建设期的静态投资回收期为（ ）

A.2.0年 B.2.5年
C.3.2年 D.4.0年

8.某投资项目在建设期内投入全部原始投资,该项目的获利指数为1.25,则该项目的净现值率为（ ）

A.0.25 B.0.75
C.0.125 D.0.8

9.净现值和净现值率的共同特点是（ ）

A.无法直接反映投资项目的实际收益率水平
B.都是相对数指标
C.从动态的角度反映项目投资的资金投入与净产出之间的关系
D.从动态的角度反映项目投资的资金投入与总产出之间的关系

10.下列各种说法中,不正确的是（ ）

A.静态投资回收期属于反指标
B.净现值法无法从动态的角度直接反映投资项目的实际收益率水平
C.利用各种评价指标进行项目评价时,结果可能不一致
D.净现值率没有考虑资金的时间价值

11.下列有关内含报酬率的说法正确的是（ ）

A.能使投资方案的净现值大于0时的折现率
B.能使投资方案的净现值等于0时的折现率
C.能使投资方案的净现值小于0时的折现率
D.能使投资方案的净现值不等于0时的折现率

12.下列各项中,其计算结果等于项目投资方案年等额净回收额的是（ ）

A.该方案净现值×年金现值系数
B.该方案净现值×年金现值系数的倒数
C.该方案每年相等的净现金流量×年金现值系数

D. 该方案每年相等的净现金流量×年金现值系数的倒数

13. 某公司拟进行一项固定资产投资决策,设定折现率为10%,有四个方案可供选择。其中甲方案的净现值率为-12%;乙方案的内部收益率为9%;丙方案的项目计算期为10年,净现值为960万元,$(P/A,10\%,10)=6.1446$;丁方案的项目计算期为11年,年等额净回收额为136.23万元。最优的投资方案是 （　　）

A. 甲方案　　　　　　　　　　B. 乙方案
C. 丙方案　　　　　　　　　　D. 丁方案

14. 在下列方法中,不能直接用于项目计算期不相同的多个互斥方案比较决策的方式是 （　　）

A. 净现值法　　　　　　　　　B. 方案重复法
C. 年等额净回收法　　　　　　D. 最短计算期法

二、多项选择题

1. 下列因素会影响动态指标的高低的有 （　　）
   A. 建设期　　　　　　　　　　B. 投资方式
   C. 回收额　　　　　　　　　　D. 净现金流量

2. 与其他形式的投资相比,项目投资具有的特点是 （　　）
   A. 一定会涉及固定资产投资　　B. 发生频率高
   C. 变现能力差　　　　　　　　D. 投资数额大

3. 完整的工业投资项目的现金流入主要包括 （　　）
   A. 营业收入　　　　　　　　　B. 回收固定资产变现净值
   C. 固定资产折旧　　　　　　　D. 回收流动资金

4. 下列关于项目计算期说法正确的是 （　　）
   A. 运营期＝试产期+建设期
   B. 计算期＝建设期+达产期
   C. 达产期＝运营期-试产期
   D. 试产期指的是投产日至达产日的期间

5. 某企业拟投资新建一个项目,在建设起点开始投资,历经1年后投产,试产期为1年,主要固定资产的预计使用寿命为8年,则下列表述正确的有 （　　）
   A. 建设期为1年　　　　　　　B. 运营期为8年
   C. 达产期为8年　　　　　　　D. 项目计算期为9年

6. 在进行投资项目财务可行性评价时,终结点的回收额包括 （　　）
   A. 固定资产余值　　　　　　　B. 经营收入
   C. 上级补贴　　　　　　　　　D. 流动资金

7. 下列有关投资收益率指标,正确的有 （　　）
   A. 没有考虑时间价值　　　　　B. 分子和分母的口径不一致
   C. 没有利用现金流量　　　　　D. 分母没有考虑资本化利息

8. 下列长期投资决策评价指标中,其数值越大越好的指标是 （　　）

A. 净现值率 B. 投资回收期
C. 内部收益率 D. 投资利润率

9. 如果其他因素不变,一旦折现率提高,则下列指标中其数值将会变小的是（ ）
   A. 净现值率 B. 净现值
   C. 内部收益率 D. 获利指数

10. 属于净现值指标缺点的是（ ）
    A. 不能从动态的角度直接反映投资项目的实际收益率水平
    B. 当各项目投资额不等时,仅用净现值无法确定投资方案的优劣
    C. 净现金流量的测量和折现率的确定比较困难
    D. 没有考虑投资的风险性

11. 下列各项中,属于长期投资决策静态评价指标的是（ ）
    A. 内含报酬率 B. 投资回收期
    C. 获利指数 D. 投资利润率

三、判断题

1. 在项目投资决策中,净现金流量是指运营期内每年现金流入量与同年现金流出量之间的差额所形成的序列指标。（ ）

2. 根据项目投资的理论,在各类投资项目中,运营期现金流量中都包括固定资产投资。（ ）

3. 投资项目的经营成本不应包括运营期间固定资产折旧费、无形资产摊销费和财务费用。（ ）

4. 包括建设期的投资回收期应等于累计净现金流量为零时的年限再加上建设期。（ ）

5. 已知某投资项目的原始投资500万元于建设起点一次投入,如果该项目的净现值率为2,则该项目的净现值为250万元。（ ）

6. 在全部投资均于建设起点一次投入,建设期为零,投产后每年净现金流量相等的条件下,为计算内部收益率所求得的年金现值系数应等于该项目的静态投资回收期指标的值。（ ）

7. 在评价投资项目的财务可行性时,如果静态投资回收期或投资利润率的评价结论与净现值指标的评价结论发生矛盾,应当以静态投资回收期指标的结论为准。（ ）

8. 在投资项目可行性研究中,应首先进行财务可行性评价,再进行技术可行性分析,如果项目具备财务可行性和技术可行性,就可以做出该项目应当投资的决策。（ ）

四、计算题

1. 完整工业投资项目净现金流量计算。

某工业项目需要原始投资1 250万元,其中固定资产投资1 000万元,开办费投资50万元,流动资金投资200万元。建设期为1年,建设期发生与构建固定资产有关的资本化利息100万元。固定资产投资和开办费投资于建设起点投入,流动资金于完工时,即第1

年末投入。该项目寿命期10年,固定资产按直线法折旧,期满有100万净残值;开办费于投产当年一次摊销完毕。从经营期第1年起连续4年每年归还借款利息110万元;流动资金于终结点一次回收。投产后每年获净利润分别为100万元、110万元、160万元、210万元、260万元、300万元、350万元、400万元、450万元和500万元。

要求:计算各年净现金流量。

2. 某公司拟进行一项项目投资,相关资料如下:已知该方案的净现金流量为 $NCF_0 = -800(万元)$,$NCF_1 = -200(万元)$,$NCF_2 = 0(万元)$,$NCF_{3-11} = 250(万元)$,$NCF_{12} = 280(万元)$。

要求:根据资料,指出该方案的建设期、运营期、项目计算期、原始投资,并说明资金投入方式。

3. 某企业有一投资项目,建设期2年,运营期5年。固定资产投资为300万元,在建设期初投入180万元,在建设期的第2年年初投入其余的120万元。同时,在建设期末投入无形资产20万元,在运营期初垫付流动资金50万元,建设期的资本化利息为10万元。固定资产按直线法计提折旧,预计期满残值回收2万元。无形资产自项目投产后按5年摊销。项目投产后,运营期每年的销售量为1万件,销售单价为190元,单位变动成本60元,每年固定性付现成本25万元。该企业适用的所得税税率为25%,要求的最低投资收益率为10%。

要求:(1)项目计算期。
(2)项目原始投资额、项目总投资和固定资产原值。
(3)项目的回收额。
(4)运营期每年的经营成本和营运成本。
(5)运营期每年的息税前利润和息前税后利润。

4. E公司拟投资建设一条生产线,行业基准折现率为10%,现有六个方案可供选择,相关的净现金流量数据见表4.1。

表4.1 各个方案的净现金流量表

单位:万元

方案	t	0	1	2	3	4	5	…	9	10	11	合计
A	NCF	-1 050	-50	500	450	400	350	…	150	100	50	1 650
B	NCF	-1 100	0	50	100	150	200	…	400	450	500	1 650
C	NCF	-1 100	0	275	275	275	275	…	275	275	275	1 650
D	NCF	-1 100	275	275	275	275	275	…	275	275		1 650
E	NCF	-550	-550	275	275	275	275	…	275	275	275	1 650
F	NCF	—	-1 100	275	275	275	275	…	275	275	275	1 650

相关的时间价值系数见表4.2。

表4.2 时间价值系数

t	$(P/F,10\%,t)$	$(P/A,10\%,t)$	$(P/A,20\%,t)$	$(P/A,24\%,t)$
1	0.909 1	0.909 1	0.833 3	0.806 5
10	0.385 5	6.144 6	4.192 5	3.681 9

要求:(1)根据表4.1,分别确定下列数据。
①A方案和B方案的建设期;②C方案和D方案的运营期;③E方案和F方案的项目计算期。
(2)根据表4.1数据,说明A方案和D方案的资金投入方式。
(3)计算A方案包括建设期的静态投资回收期指标。
(4)利用简化方法计算E方案不包括建设期的静态投资回收期指标。
(5)利用简化方法计算C方案净现值指标。
(6)利用简化方法计算D方案的内部收益率指标。

5. 某企业拟建造一项生产设备。预计建设期为1年,所需原始投资200万元(为自有资金)于建设起点一次投入。该设备预计使用寿命为5年,使用期满报废清理时无残值。该设备的折旧方法采用直线法。该设备投产后每年增加息税前利润为100万元,所得税税率为25%,项目的行业基准总投资收益率为20%。

要求:(1)计算项目计算期内各年净现金流量。
(2)计算该设备的静态投资回收期。
(3)计算该投资项目的总投资收益率(ROI)。
(4)假定适用的行业基准折现率为10%,计算项目净现值。
(5)计算项目净现值率。
(6)评价其财务可行性。

6. 已知:某企业拟进行一项单纯固定资产投资,现有A、B两个互斥方案可供选择,相关资料见表4.3。

表4.3 A、B方案投资情况

单位:万元

方案	项目计算期指标	建设期		运营期	
		0	1	2~11	12
A	固定资产投资				
	新增息税前利润(每年相等)				
	新增的折旧			100	100
	新增的营业税金及附加			1.5	
	所得税前现金流量	-1 000	0	200	
B	固定资产投资	500	500		
	所得税前净现金流量			200	

说明:表4.3中"2~11"一列的数据为每年数,连续10年相等,用空白处表示省略的数据。

要求:(1)确定或计算A方案的下列数据。
①固定资产投资金额;②运营期每年新增息税前利润;③不包括建设期的静态投资回收期。
(2)请判断能否利用净现值法做出最终投资决策。
(3)如果A、B两方案的净现值分别为180.92万元和273.42万元,请按照一定方法做出最终决策,并说明理由。

7. 甲企业打算在2013年年末购置一套不需要安装的新设备,以替换一套尚可使用5

年、折余价值为 91 000 元、变现净收入为 80 000 元的旧设备。取得新设备的投资额为 285 000 元。到 2018 年年末,新设备的预计净残值超过继续使用旧设备的预计净残值 5 000元。使用新设备可使企业在 5 年内每年增加营业利润 10 000 元。新旧设备均采用直线法计提折旧。假设全部资金来源均为自有资金,适用企业的所得税税率为 25%,折旧方法和预计净残值的估计均与税法的相同。

要求:请计算下列指标。
(1)更新设备比继续使用旧设备增加的投资额。
(2)经营期因更新设备而每年增加的折旧。
(3)经营期每年因营业利润增加而导致的所得税变动额。
(4)经营期每年因营业利润增加而增加的净利润。
(5)因旧设备提前报废发生的处理固定资产净损失。
(6)经营期第 1 年因旧设备提前报废发生净损失而递减的所得税额。
(7)建设起点的差量净现金流量 ΔNCF_0。
(8)经营期第 1 年的差量净现金流量 ΔNCF_1。
(9)经营期第 2~4 年的差量净现金流量 $\Delta NCF_{2\sim4}$。
(10)经营期第 5 年的差量净现金流量 ΔNCF_5。

五、互动环节

1. 恩圣有限公司(以下简称"本公司")注册资本:人民币 1 300 万元,经营范围:房地产开发、建材、药品生产及经营、国家允许的进出口经营业务。

本公司关于一投资项目的 A 方案有关资料如下:项目原始投资 750 万元,其中,固定资产投资 600 万元,流动资金投资 100 万元,其余为无形资产投资。全部投资的来源均为自有资金。该项目建设期为 2 年,经营期为 10 年,除流动资金投资在项目完工时投入外,其余投资均于建设起点一次投入。固定资产的寿命期为 10 年,按直线法计提折旧,期满有 40 万元的净残值;无形资产从投产年份起分 10 年摊销完毕;流动资产于终结点一次收回。预计项目投产后,每年发生的相关营业收入和经营成本分别为 380 万元和 129 万元,所得税税率为 25%。

互动环节一:计算该项目 A 方案的下列指标。
☆项目计算期 = _____
☆固定资产原值 = _____
☆固定资产年折旧额 = _____
☆无形资产投资额 = _____
☆无形资产年摊销额 = _____
☆经营期每年总成本 = _____
☆经营期每年营业净利润 = _____
☆经营期每年净利润 = _____
☺分析提示:

项目计算期=2+10=12(年)
固定资产原值=600(万元)
固定资产年折旧额=(600-40)÷10=56(万元)
无形资产投资额=750-600-100=50(万元)
无形资产年摊销额=50÷10=5(万元)
经营期每年总成本=129+56+5=190(万元)
经营期每年营业净利润=380-190=190(万元)
经营期每年净利润=190×(1-25%)=142.5(万元)

互动环节二:计算该项目A方案的下列净现金流量指标。

☆建设期各年的净现金流量=_____

_____

☆投产后1~10年每年的经营净现金流量=_____

_____

☆项目计算期期末回收额=_____

☆终结点净现金流量=_____

☺分析提示:

建设期各年的净现金流量为

$$NCF_0 = -650(万元)$$
$$NCF_1 = 0(万元)$$
$$NCF_2 = -100(万元)$$

投产后第1~10年每年的经营净现金流量为

$$NCF_{3-12} = (380-129-56-5)\times(1-25\%)+56+5 = 203.5(万元)$$

项目计算期期末回收额=100+40=140(万元)

终结点净现金流量为

$$NCF_{12} = 203.5+140 = 343.5(万元)$$

互动环节三:按14%的行业基准折现率计算A方案的净现值,并评价该方案是否可行。

☆A方案的净现值=_____

_____

☺分析提示:

A方案的净现值 = 203.5×[(P/A,14%,12)-(P/A,14%,2)]+
140×(P/F,14%,12)-650-100×(P/F,14%,2)=
203.5×(5.660 3-1.646 7)+140×0.207 6-650-100×0.769 5=
816.77+29.06-650-76.95=
118.88(万元)

因为,该方案净现值大于0,所以此方案具备财务可行性。

2.新竹电器股份有限公司是1992年7月1日成立的,公司的注册资本和股本总额为人民币1亿元。专门从事的业务属家用电器制造业,主要产品包括空调器、空调压缩机、冰箱和洗衣机等。

该公司拟新建项目需要投入固定资金300万元,该项目建设期2年,建设期资本化利息50万元,经营期5年,固定资产期满残值收入30万元。该项目投产后,预计年营业收入160万元,年经营成本60万元。经营期每年支付借款利息35万元,直到经营期结束时还本。

该公司采用直线法计提折旧,所得税税率为25%,设定折现率为10%。

互动环节一:计算该投资项目的净现金流量。

☆固定资产年折旧额＝_____
☆建设期各年净现金流量＝_____
☆经营期各年净现金流量＝_____
☆终结点净现金流量＝_____

☺分析提示:

$$固定资产年折旧额 = \frac{300-30+50}{5} = 64(万元)$$

建设期各年净现金流量为

$$NCF_0 = -300(万元)$$
$$NCF_1 = 0(万元)$$
$$NCF_2 = 0(万元)$$

经营期各年净现金流量为

$$NCF_{3-7} = (160-60-64-35) \times (1-25\%) + 64 + 35 = 99.75(万元)$$

终结点净现金流量为

$$NCF_7 = 99.75 + 30 = 129.75(万元)$$

互动环节二:计算该项目的静态投资回收期。

☆不包括建设期的静态投资回收期＝_____
☆包括建设期的静态投资回收期＝_____

☺分析提示:

$$不包括建设期的静态投资回收期 = \frac{300}{99.75} = 3(年)$$

$$包括建设期的静态投资回收期 = 3 + 2 = 5(年)$$

互动环节三:计算该投资项目净现值、净现值率和获利指数。

☆净现值＝_____
☆净现值率＝_____
☆获利指数＝_____

☺分析提示:

净现值＝$99.75 \times [(P/A, 10\%, 7) - (P/A, 10\%, 2)] + 30 \times (P/F, 10\%, 7) - 300 =$
　　　$99.75 \times [4.8684 - 1.7355] + 30 \times 0.5132 - 300 =$
　　　$312.51 + 15.396 - 300 =$
　　　$27.91(万元)$

$$净现值率 = \frac{27.91}{300} \times 100\% = 9.3\%$$

$$获利指数 = 1 + 9.3\% = 109.3\%$$

互动环节四：评价该投资项目是否可行。

☆_____
_____

☺ 分析提示：

因为

$$不包括建设期的静态投资回收期为 = \frac{300}{99.75} = 3(年) > \frac{5}{2} = 2.5(年)$$

$$包括建设期的静态投资回收期为 = 3 + 2 = 5(年) > \frac{7}{2} = 3.5(年)$$

又因为

$$净现值 = 27.91(万元) > 0$$

$$净现值率 = 9.3\% > 0$$

$$获利指数 = 109.3\% > 1$$

所以，该方案基本具备财务可行性。

3. 美之公司是生产女性护肤品的老牌企业，其产品主要有浪语与云涛两个系列。浪语的客户群主要是中老年妇女，其功效主要是抗皱、抗衰老、增强皮肤弹性。云涛的客户群主要是少女，其功效主要是祛痘、增白、嫩肤。

公司从 2011 年年初便开始投入大量资金进行了市场调研和新产品的开发，于 2012 年 11 月中旬试制成功一个新的产品系列——蓝波。该系列产品主要针对中青年职业女性，具有防皱、补水、消除色斑、营养皮肤的功效。

2012 年 12 月 10 日，美之公司召开高层会议，讨论蓝波系列产品上线的可行性问题。参加会议的有董事长、总经理、研究开发部经理、生产部经理、市场部经理和财务部经理等人员。

研究开发部经理首先陈述了两年来的研发情况，呈报了蓝波系列产品的研发费用清单，共 115 万元。他指出，要上线蓝波系列产品，还需要投入 1 280 万元购置专用设备，设备使用年限约 20 年，试用期满净残值约 30 万元。

接下来，市场部经理汇报了市场调研的情况。市场调研的开支为 29 万元。市场调研的结果是：蓝波系列产品具有较好的市场前景。经过细致的分析和测算，市场部得出了今后 20 年的销售额预测数据。然后由生产部经理阐述了今后 20 年新产品付现成本的预测情况。蓝波系列产品销售额和付现成本的预测数据见表 4.4。

表 4.4　销售额和付现成本预测

单位：万元

	1~5 年	6~15 年	15~20 年
销售额	1 000	1 200	800
付现成本	400	55	600

此外，市场部经理还提到，推出蓝波系列产品后，可能会吸引一部分原先浪语和云涛

系列产品的客户,因而对其销售会产生一定的影响。经过市场部和生产部的共同测算,得出对原有产品现金流的影响金额,见表 4.5。

表 4.5　原有销售额下降数

单位:万元

	1~5 年	6~15 年	15~20 年
原有销售额下降数	10	20	5

随后,财务部经理提出,在考虑蓝波系列产品的风险状况后,测算出的资金成本率为 11%。

在讨论过程中,财务部经理还提出,新产品线的初始投资中没有包含厂房投资。对此生产部经理解释说,新产品可以利用企业的闲置厂房,因此不必考虑厂房投资。但是财务部经理坚持认为应当考虑厂房投资,因为闲置厂房原价 5 000 万元,已用 30 年,估计还可用 20 年,采用直线法计提折旧,净值 2 000 万元,到期无残值。现在可以对外出售,现行售价估计为 1 600 万元。

公司总经理还问到,新产品线是否需要增加营运资金。财务部经理回答说,新产品线预计会增加营运资金 106 万元。但市场部经理认为,增加的营运资金并不是永久占用,因此不必考虑。

最后,公司董事长解释了为什么只对今后 20 年的情况做出预测,原因在于 20 年后的情况具有极大的不确定性,而且专用设备的寿命预计只有 20 年,20 年后可以再根据当时的情况重新做出决策。

互动环节一:新产品的 115 万元研究开发费用和 29 万元市场调研开支,是否应当计入该项目的现金流量?为什么?

☆_____

☺**分析提示:**研发费用和调研费用不应计入该项目的现金流量。这是因为新产品在试制期间的相关费用按照配比原则和谨慎原则的要求应计入当期费用,试制成功以后也不应再成本化,不应计入以后的现金流量。按照收付实现制的原则,不属于当期现金流出。

互动环节二:新产品上市引起原有产品的净现金流量减少,这是否应在新产品的现金流量中予以反映?为什么?

☆_____

☺**分析提示:**新产品上市引起原有产品的净现金流量减少应该在新产品的现金流量中予以反映。因为,应考虑企业整体的经济效益。

互动环节三:新产品将利用企业的闲置厂房,这是否应在投资决策中予以考虑?如果需要考虑,应如何考虑?

☆_____

☺**分析提示:**应考虑使用的旧厂房,因为旧厂房可以出售,而没有出售,相当于占用了资金,这是机会成本。考虑时应按现行价格计算其占用资金额。

互动环节四:新产品需要追加的营运资金是否应当列入项目的现金流量?为什么?

☆ _____
_____

😊**分析提示**:新增营运资金应予以考虑。因为这是项目引起的现金流出,在项目结束时才能收回。

互动环节五:假设公司对新设备采用直线法计提折旧,公司所得税税率为40%,试计算新产品各年的营业现金流量。

☆固定资产年折旧额= _____
☆各年的净现金流量= _____

😊**分析提示**:

$$固定资产年折旧额=\frac{1\ 280-30}{20}+\frac{1\ 600}{20}=142.5(万元)$$

$$初始现金流量=1\ 280+1\ 600+106+400\times0.4=3\ 146(万元)$$

$$1\sim5\ 年的年营业现金流量=1\ 000-400-(1\ 000-400-142.5)\times0.4-$$
$$10\times(1-0.4)=411(万元)$$

$$6\sim15\ 年的年营业现金流量=1\ 200-500-(1\ 200-500-142.5)\times0.4-$$
$$20\times(1-0.4)=465(万元)$$

$$16\sim20\ 年的年营业现金流量=800-600-(800-600-142.5)\times0.4-$$
$$5\times(1-0.4)=174(万元)$$

$$终结点净现金流量为=106+30=136(万元)$$

互动环节六:计算新产品的净现值、获利指数和内部报酬率,并综合考虑其他因素,判断新产品是否可行。

☆$NPV=$ _____
☆$NPVR=$ _____
☆$IRR=$ _____

😊**分析提示**:

$NPV=-3\ 146+411\times(P/A,11\%,5)+465\times(P/A,11\%,10)\times(P/F,11\%,5)+$
$174\times(P/A,11\%,5)\times(P/F,11\%,15)+136\times(P/F,11\%,20)=$
$-3\ 146+411\times3.695\ 9+465\times5.889\ 2\times0.593\ 5+$
$174\times3.695\ 9\times0.209\ 0+136\times0.124\ 0=$
$-3\ 146+1\ 519.01+1\ 625.29+134.4+16.86=$
$149.56(万元)$

$$NPVR=\frac{1\ 519.01+1\ 625.29+134.4+16.86}{3\ 146}=1.05$$

IRR 用内插法计算:

11%	149.56
R	0

$$\frac{11\%-R}{11\%-15\%}=\frac{149.56}{149.56+308.377}$$

15% −308.377

$$R=12.31\%$$

因为
$$NPV=149.56(万元)>0$$
$$NPVR=1.05>1$$
$$IRR=12.31\%>11\%$$

所以，该方案具备财务可行性。

第三节 杉杉控股项目投资管理案例分析

一、杉杉控股有限公司案例资料简介

杉杉控股有限公司（以下简称"杉杉控股"）以服装为主，产业涉及时尚产业、新能源新材料、投资、园区开发、国际贸易、文化产业六大板块。杉杉控股于2011年提出了打造"中国商社"的发展战略，计划到2018年实现1 000亿的市值，除传统主业服装外，奥特莱斯商场、城市综合体等商业地产业务将成为其主营业务之一。

以服装业务起家的杉杉控股早年曾运作过土地一级开发项目，如宁波杉杉科技园、中科廊坊科技谷、中科芜湖科技园等科技园区，但是杉杉控股董事局主席郑永刚多次强调，杉杉不会涉足房地产项目，但这一"禁区"随着宁波奥特莱斯项目开业和城市综合体"宁波中心"启动后正式被打破。

2011年9月23日，杉杉控股旗下杉杉集团与日本三井不动产株式会社共同开发的宁波杉井奥特莱斯商业广场宣布开业，项目占地面积约为180亩。据知情人士透露，目前该奥特莱斯项目运营情况良好。"在2010年的国庆节期间，杉井奥特莱斯广场创下了单日销售近400万元的佳绩，单位面积销售额居全国奥特莱斯前列。"

2012年，杉杉集团联合上海永达集团、黑龙江金马集团投资50亿元在哈尔滨打造商业综合体。该项目总建筑面积50万平方米，将建成杉杉国际购物中心和国际汽车广场两大部分。一期计划于2013年6月开工，2015年7月开业。据悉，哈尔滨项目是杉杉集团复制奥特莱斯模式，走出宁波面向全国发展的第一个项目，同时，杉杉也在长春、沈阳、郑州等地选址，将在这些北方城市建设奥特莱斯商业广场。郑永刚称，未来十年，杉杉集团还计划在国内打造15~20家奥特莱斯。"仅奥特莱斯项目，如果在全国开上3~5家，收入规模已经可以单独上市。"

2011年，杉杉控股参与的另一城市综合体开发项目"宁波中心"也宣布启动，投资方包括杉杉集团、绿城集团和伊藤忠（中国）集团有限公司，总投资金额为97亿元。记者了解到，该项目的住宅部分已经实现销售。

二、理论知识链接

1. 项目投资的含义

项目投资是一种以特定项目为投资对象的长期投资行为,它与企业的新建项目或更新改造项目直接有关。从性质上看,它是企业直接的、生产性投资,通常包括固定资产投资、无形资产投资、开办费投资和流动资金投资等内容。

2. 项目投资的特点

(1)投资金额大。项目投资直接与新建项目或更新改造项目有关,所以投资金额往往比较大,有的甚至是企业及其投资人多年的资金积累,在企业总资产中占有相当大的比重。

(2)投资期限长。项目投资是一种长期投资行为,故投资期及发挥作用的时间都比较长,对企业未来的生产经营活动和长期经营活动将产生重大影响。

(3)变现能力差。项目投资一般不准备在一年或一个营业周期内变现,而且即使在短期内变现,其变现能力也较差。因为,项目投资一旦完成,要想改变是相当困难的,不是无法实现,就是代价太大。

(4)投资风险大。项目投资未来收益受多种因素影响,同时其投资金额大、投资的期限长和变现能力差,因此使得其投资风险比其他投资高,对企业未来的命运产生决定性影响。

3. 项目投资的类型

企业项目投资的类型主要包括新建项目和更新改造项目。新建项目以新增生产能力为目的,按其涉及内容可进一步细分为单纯固定资产投资项目和完整工业投资项目。单纯固定资产投资项目简称固定资产投资,其特点在于:在投资中只包括为取得固定资产而发生的垫支资本投入而不涉及周转资本的投入;完整工业投资项目则不仅包括固定资产投资,而且还涉及流动资金投资,甚至包括其他长期资产项目(如无形资产)的投资。因此,不能将项目投资简单地等同于固定资产投资。更新改造项目以恢复或改善生产能力为目的,按其涉及的内容也可进一步细分为更新项目和改造项目。

三、实训项目要求

✿ 要求一:根据以上资料,分析杉杉控股多元化投资所涉及的投资项目有哪些?
☺ _____

✿ 要求二:企业进行项目投资时,会受到哪些因素的影响?其中最主要的是什么因素?
☺ _____

✿ 要求三:企业现金流量的状况,在其项目投资过程中起到什么作用?为什么管理者最为重视企业内部现金的均衡流动?

_____
_____

第四节 技 能 实 训

一、实训目的

前面已经学习项目投资管理的基本理论知识,了解了现金流量、项目投资决策评价指标的计算及项目投资决策的方法。但在实际投资决策过程中,项目投资还受到宏观经济政策、通货膨胀、原材料成本上升、劳动力价格的变动等诸方面的影响。所以,项目投资必须要考虑各种因素的变动对决策结果的影响,从而有助于管理者做出正确的决策。本节是在原有基础知识实训基础上的延伸和扩展。

二、实训内容

创采电视机厂是生产彩电的中型企业,该企业生产的电视机质量优良、价格合理,近几年来一直供不应求。为了扩大生产能力,该企业准备新建一条生产线。程鸿是该企业的助理会计师,主要负责筹资和投资的具体工作。该企业财务总监要求程鸿收集建设新生产线的相关资料,写出投资项目的财务评价报告,以供企业领导决策参考。

程鸿经过半个月的调研,得出以下有关资料。该生产线的初始投资为13万元,建设期一年,分两次投入。第一次在建设期期初投入10万元,第二次是在建设期末投入3万元。第一年末可完成建设并正式投产。投产后每年可生产电视机1 000台,每台销售价格为300元,每年可获得销售收入30万元。投资项目预计可使用五年,五年后的残值为3万元。在投资项目经营期内需垫支流动资金2万元,这笔资金在项目结束时可如数收回。该项目生产的产品年总成本的构成情况如下:

    原材料   20万元
    工资费用   3万元
    管理费(不含折旧) 2万元
    折旧费   2万元

程鸿又对该企业的各种资金来源进行了研究,得出该企业加权平均资金成本为10%,该企业所得税税率为25%。

程鸿根据以上资料,计算出该投资项目的营业现金流量、现金净流量及净现值(表4.6~表4.8),并把这些数据资料提供给企业高层领导参加的投资决策会议。

表4.6 投资项目的营业现金净流量

单位：元

年份 项目	第1年	第2年	第3年	第4年	第5年
销售收入	300 000	300 000	300 000	300 000	300 000
付现成本	250 000	250 000	250 000	250 000	250 000
其中：原材料	200 000	200 000	200 000	200 000	200 000
工资	30 000	30 000	30 000	30 000	30 000
管理费	20 000	20 000	20 000	20 000	20 000
折旧费	20 000	20 000	20 000	20 000	20 000
税前利润	30 000	30 000	30 000	30 000	30 000
所得税	7 500	7 500	7 500	7 500	7 500
税后利润	22 500	22 500	22 500	22 500	22 500
现金净流量	42 500	42 500	42 500	42 500	42 500

表4.7 投资项目的现金净流量

单位：元

项目	第0年	第1年	第2年	第3年	第4年	第5年	第6年
初始投资	−100 000	−30 000					
流动资金垫支		−20 000					
营业现金净流量			42 500	42 500	42 500	42 500	42 500
设备残值回收							30 000
流动资金回收							20 000
现金净流量合计	−100 000	−50 000	42 500	42 500	42 500	42 500	92 500

表4.8 投资项目的净现值

单位：元

项目 年份	现金净流量	10%的现值系数	现值
0	−100 000	1.000 0	−100 000
1	−50 000	0.909 1	−45 455
2	42 500	0.826 4	35 122
3	42 500	0.751 3	31 930.25
4	42 500	0.683 0	29 027.5
5	42 500	0.620 9	26 388.25
6	92 500	0.564 4	52 207
净现值			29 220

在厂领导会议上，程鸿对他提供的有关数据作了必要说明。他认为，建设新生产线有29 220元净现值，因此这个项目是可行的。厂领导会议对程鸿提供的资料进行了研究分析，认为程鸿在收集资料方面作了很大的努力，计算方法正确，但却忽略了物价变动问题，这使得程鸿提供的信息失去了客观性和准确性。

企业财务总监认为，在项目投资和使用期间内，通货膨胀率大约为10%左右，它要求各有关负责人认真研究通货膨胀对投资项目各方面的影响。

生产部经理认为,由于物价变动的影响,原材料费用每年将增加12%,工资费用也将每年增加6%。

销售部经理认为产品销售价格预计每年可增加10%。

财务部经理认为扣除折旧后的管理费每年将增加4%,折旧费每年仍为2万元。

企业领导会议决定,要求程鸿根据以上各部门的意见,重新计算投资项目的现金流量和净现值,提交下次会议讨论。

三、实训要求

(1)程鸿接到这个任务后,应该如何进行测算?

(2)在考虑通货膨胀因素后,你认为该投资项目是否可行?

(3)对计算的结果进行整理和总结,绘制出相关的表格,做成PPT在班级公开汇报讲解。

第五章
Chapter 5

证券投资管理实训

【本章实训要点】

通过本章学习,要求理解并掌握证券投资的程序;掌握证券投资的风险来源,运用证券投资收益率进行评价;掌握企业债券、股票及基金的估价;理解并掌握证券投资分析的方法。

【实训目的和要求】

通过证券投资的实训,使学生比较系统地掌握证券投资的相关理论,加强对所学的关于证券投资方法的运用和理解,加强学生的实际动手操作能力,提高对这部分专业知识的应用。能够借助实训案例资料,结合有关的理论知识,通过实际案例分析,在教师的指导下,独立思考和分析所给的案例资料,拓展思维能力,掌握应有的专业知识和相关技能。

【证券投资管理知识体系】

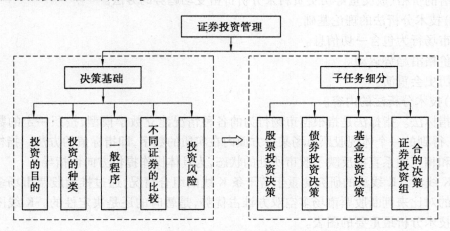

图 5.1 证券投资任务知识结构图

第一节　导入案例训练

【案例一】

（一）案例资料

1. 股票投资的基本分析法

基本分析法主要通过对影响证券市场供求关系的基本要素进行分析，评价有价证券的真正价值，判断证券的市场价格走势，为投资者进行证券投资提供参考依据。

基本分析法主要适用于周期相对较长的个别股票价格的预测和相对成熟的股票市场。

（1）宏观分析。

宏观分析是通过对一国政治形势是否稳定、经济形势是否繁荣等的分析，判断宏观环境对证券市场和证券投资活动的影响。宏观分析包括政治因素分析和宏观经济因素分析。

（2）行业分析。

行业分析主要探讨产业和区域经济对股票价格的影响，主要包括行业的市场结构分析、行业经济周期分析和行业生命周期分析等。

（3）公司分析。

公司分析主要是对特定上市公司的行业选择、成长周期、内部组织管理、经营状况、财务状况及营业业绩等进行全面分析。

公司分析是基本分析法的重点。对发行证券的公司进行全面分析，能较准确地预测该公司证券的价格及其变动趋势，为证券投资决策提供依据。

2. 股票投资的技术分析法

技术分析法是从市场行为本身出发，运用数理统计和心理学等理论及方法，根据证券市场已有的价格、成交量等历史资料来分析价格变动趋势的方法。

（1）技术分析法的理论基础。

①市场行为包含一切信息。

②价格沿趋势运动。

③历史会重演。

（2）技术分析法的内容。

①指标法。指标法是指根据市场行为的各种情况建立数学模型，按照一定的数学计算公式，得到的一个体现股票市场某个方面内在实质的数字，即指标值的方法。指标的具体数值和相互关系直接反映了股市所处的状态，为具体操作提供方向性指导。

②K线法。K线法的研究侧重于若干条K线的组合情况，通过推测股票市场多空双方力量的对比来判断股票市场多空双方谁占优势，是暂时的还是决定性的。K线图是进行各种技术分析最重要的图表。

③形态法。形态法是指根据价格图表中过去一段时间价格轨迹的形态来预测股价的未来趋势的方法。

④波浪法。波浪理论把股价的上下波动和不同时期的持续上涨、下降看成是波浪的

上下起伏。股票的价格也遵循波浪起伏的规律。

(二)案例分析提示

股票技术分析法与基本分析法的区别,见表5.1。

表5.1 股票技术分析法与基本分析法的区别

不同点	技术分析法	基本分析法
重点	着重于分析股票市价的运动规律	主要目的在于分析股票的内在投资价值
角度	直接从股票市场入手,根据股票的供求、市场价格和交易量等市场因素进行分析	从股票市场的外部决定因素入手,并从这些外部因素与股票市场相互关系的角度进行分析
时期	是短期性质的分析,它只关心市场上股票价格的波动和如何获得股票投资的短期收益,很少涉及股票市场以外的因素分析	不仅研究整个证券市场的情况,而且研究单个证券的投资价值;不仅关心证券的收益,而且关心证券的升值
作用	帮助投资者选择适当的投资机会和投资方法	帮助投资者了解股票市场的发展状况和股票的投资价值

【案例二】

(一)案例资料

债券投资决策主要是对投资的时机、投资的期限、拟购入的债券等做出选择的过程。决策过程中,应该考虑一系列约束条件的限制,包括可支配的资金数额约束、投资收益率要求和投资风险偏好等。

债券投资决策中可以考虑消极的投资策略和积极的投资策略两种思路。

(二)案例分析提示

债券投资策略见表5.2。

表5.2 债券投资策略

	消极投资策略	积极投资策略
策略含义	投资者在买入债券后的一段时间内,很少进行买卖或者不进行买卖	投资者根据市场情况不断调整投资行为
收益要求	只求获得不超过目前市场平均收益水平的收益	以期获得超过市场平均收益水平的收益
典型策略	典型的消极投资策略是买入债券持有至到期日。这种策略的现金流是确定的,投资者选取信用程度较高的债券即可	(1)通过对预期利率变动主动交易。预期利率下降时,买进债券或增持期限长的债券;预期利率上升时卖出债券或增加期限短的债券比例 (2)控制收益率曲线法。由于期限较长的债券一般有较高的收益率,所以,投资人购买债券并持有至到期前卖出债券,再购入另一个同样期限的债券,从而能够始终获得较高的收益率

第二节 基础知识练习

一、单项选择题

1. 对证券持有人而言,证券发行人无法按期支付债券利息或偿付本金的风险是 （　）
   A. 流动性风险　　　　　　　　　B. 系统风险
   C. 违约风险　　　　　　　　　　D. 购买力风险
2. 下列因素不会影响债券的内在价值的是 （　）
   A. 票面价值与票面利率　　　　　B. 市场利率
   C. 到期日与付息方式　　　　　　D. 购买价格
3. 一般而言,下列已上市流通的证券中,流动性风险相对较小的是 （　）
   A. 可转换债券　　　　　　　　　B. 普通股股票
   C. 公司债券　　　　　　　　　　D. 国库券
4. 下列各项中,属于企业短期证券投资直接目的的是 （　）
   A. 获取财务杠杆利益　　　　　　B. 降低企业经营风险
   C. 扩大本企业的生产能力　　　　D. 暂时存放闲置资金
5. 一般认为,企业进行长期债券投资的主要目的是 （　）
   A. 控制被投资企业　　　　　　　B. 调剂现金余额
   C. 获得稳定收益　　　　　　　　D. 增强资产流动性
6. 某公司发行的股票,投资人要求的必要报酬率为20%,最近刚支付的股利为每股2元,估计股利年增长率为10%,则该种股票的价值为 （　）
   A. 20元　　　　　　　　　　　　B. 24元
   C. 22元　　　　　　　　　　　　D. 18元
7. 企业对外进行债券投资,从其产权关系来看属于 （　）
   A. 债权投资　　　　　　　　　　B. 股权投资
   C. 证券投资　　　　　　　　　　D. 实物投资
8. 在证券投资中,因通货膨胀带来的风险是 （　）
   A. 违约风险　　　　　　　　　　B. 利息率风险
   C. 购买力风险　　　　　　　　　D. 流动性风险
9. 某人以40元的价格购入一张股票,该股票预期股利为每股1.02元,预计半年后能以50元的价格出售,则该股票的年持有期收益率应为 （　）
   A. 2.04%　　　　　　　　　　　B. 27.55%
   C. 21%　　　　　　　　　　　　D. 55.1%
10. 债券投资者购买证券时,可以接受的最高价格是 （　）
    A. 出卖市价　　　　　　　　　　B. 到期价值
    C. 投资内在价值　　　　　　　　D. 票面价值

11. 基金的价值取决于 （ ）
   A. 基金净资产账面价值
   B. 基金资产未来能给投资者带来的现金流量
   C. 基金净资产现有市场价值
   D. 基金净资产未来能给投资者带来的未来现金流量的现值
12. 按照组织形态的不同,基金可以分为 （ ）
   A. 封闭式基金和开放式基金　　　B. 契约型基金和公司型基金
   C. 股票基金和债券基金　　　　　D. 认股权基金和专门基金
13. 根据变现方式的不同,投资基金可以分为 （ ）
   A. 封闭式基金和开放式基金　　　B. 契约型基金和公司型基金
   C. 股票基金和债券基金　　　　　D. 认股权基金和专门基金

二、多项选择题

1. 与股票投资相比,债券投资的优点有 （ ）
   A. 本金安全性好　　　　　　　　B. 投资收益率高
   C. 购买力风险低　　　　　　　　D. 收入稳定性强
2. 在下列各项中,属于证券投资风险的有 （ ）
   A. 违约风险　　　　　　　　　　B. 购买力风险
   C. 流动性风险　　　　　　　　　D. 期限性风险
3. 非系统性风险又可以称为 （ ）
   A. 可分散风险　　　　　　　　　B. 不可分散风险
   C. 公司特有风险　　　　　　　　D. 市场风险
4. 由影响所有公司的因素所引起的风险,可以称为 （ ）
   A. 可分散风险　　　　　　　　　B. 不可分散风险
   C. 公司特有风险　　　　　　　　D. 系统风险
5. 证券短期投资的收益包括 （ ）
   A. 现价与原价的价差　　　　　　B. 股利收益
   C. 债券利息收益　　　　　　　　D. 出售收入
6. 股票投资的缺点有 （ ）
   A. 购买力风险高　　　　　　　　B. 求偿权居后
   C. 价格不稳定　　　　　　　　　D. 收入稳定性强
7. 下列属于影响债券投资收益率的主要因素的有 （ ）
   A. 票面价值与票面利率　　　　　B. 市场利率
   C. 持有期限　　　　　　　　　　D. 购买价格和出售价格
8. 契约型基金相对于公司型基金的特点是 （ ）
   A. 契约型基金的资金是公司法人的资本
   B. 契约型基金的投资人是受益人
   C. 契约型基金的投资人不享有管理基金公司的权利

D. 基金运营的依据是基金公司章程

三、判断题

1. 一般而言,利率下降,证券价格下降;利率上升,证券价格上升。（　　）
2. 一般情况下,股票市场价格会随着市场利率的上升而下降,随着市场利率的下降而上升。（　　）
3. 证券投资的流动性与风险性成正比。（　　）
4. 通货膨胀情况下,债券比股票能更好地避免购买力风险。（　　）
5. 就风险而言,从大到小的排列顺序为:金融证券、公司证券、政府证券。（　　）
6. 购买国债虽然违约风险小,也几乎没有破产风险,但仍会面临利息率风险和购买力风险。（　　）
7. 在通货膨胀期间,一般说来,变动收益债券,其购买力风险会高于固定收益债券。（　　）
8. 封闭型基金买卖价格主要受公司的净资产值的影响,基本不受市场供求影响。（　　）

四、计算题

1. 股利固定模型（零成长股票模型）：A股票每年分配股利1元,报酬率为8%,请问其价值是多少？
2. 股利固定增长模型：A公司股票报酬率为12%,年增长率为8%,支付上年股利为1元,请问股票的内在价值为多少？
3. 三阶段模型：某公司预期以20%的增长率发展5年,然后转为正常增长,年递增率为4%。公司最近支付的股利为1元/股,股票的必要报酬率为10%。计算该股票的内在价值。
4. 一个投资人持有A公司的股票,他期望的最低报酬率为12%。预计A公司未来3年股利将按每年16%递增。在此之后转为正常增长,增长率为9%。公司最近支付的股利是1元。要求计算该公司股票的内在价值。
5. 一般情况下的债券估价：A公司拟于2014年2月1日发行面额为100元的债券,票面利率为7%,每年2月1日计算并支付一次利息,并于5年后的1月31日到期。同等风险投资的必要报酬率为10%,则债券的价值为多少？
6. 一次还本付息且不计复利的债券估价：某企业拟购买另一家企业发行的利随本清的企业债券,该债券面值为1 000元,期限5年,票面利率为10%,不计复利,当前市场利率为8%,该债券发行价格为多少时,企业才能购买？
7. 零票面利率债券的估价模型：某债券面值为1 000元,期限为5年,以折现方式发行,期内不计利息,到期按面值偿还,当时市场利率为8%,其价格为多少时,企业才能购买？
8. 某投资者1月1日以980元价格购买上市债券10张,该债券面值1 000元,券面年债息率8%,半年付息一次,期限3年,当年7月1日收到上半年利息400元,9月30日以

995元卖出。要求计算该债券的收益率。

9. ABC公司于2012年2月1日用平价购买了一张面额为3 000元的债券,其票面利率为8%,每年2月1日计算并支付一次利息,并于5年后的1月31日到期。该公司持有该债券至到期日,计算其到期收益率。

10. 继续上例,买价为3 200时的到期收益率为多少?

11. 基金单位净值假设某基金持有的某三种股票的数量分别为10万股、50万股和100万股,每股的市价分别为30元、20元和10元,银行存款为1 000万元,该基金负责有两项:对托管人或管理人应付未付的报酬为500万元、应付税金为500万元,已售出的基金单位为2 000万。要求:计算基金单位净值。

12. 基金收益率:某基金公司发行的是开放基金,2012年的相关资料见表5.3。

表5.3 某基金公司基金资产及负债价值一览表

金额:万元

项 目	年 初	年 末
基金资产账面价值	1 000	1 200
负债账面价值	300	320
基金资产市场价值	1 500	2 000
基金单位	500万单位	600万单位

假设公司收取首次认购费,认购费为基金净值的5%,不再收取赎回费。

要求:(1)计算年初的下列指标。

①该基金公司基金净资产价值总额;②基金单位净值;③基金认购价;④基金赎回价。

(2)计算年末的下列指标。

①该基金公司基金净资产价值总额;②基金单位净值;③基金认购价;④基金赎回价。

(3)计算2012年基金的收益率。

五、互动环节

1. 昕睿是某咨询公司的一名财务分析师,应邀对真真公司新建超市项目对公司股票价值的影响进行评估。昕睿根据真真公司的情况进行了如下估计:

该公司本年净收益为3 000万元,每股支付现金股利2元,新建超市开业后,估计该公司净收益第1年和第2年年均增长15%,第3年增长8%,第4年及以后将按第3年股利支付水平,并保持固定不变。

(1)该公司一直采用固定股利支付率政策,并打算今后继续实行该政策。

(2)该公司的β系数为1,如果将新建项目考虑进去,该系数将提高到1.5。

(3)无风险收益率(国库券)为4%,市场要求的收益率为8%。

(4)公司股票目前市价为25.6元。

昕睿打算利用股利贴现模型,同时考虑风险因素进行股票价值的评估。真真公司的一位董事提出,如果采用股利贴现模型,则股利越高,股价越高,所以公司应改变原来的股利政策,提高股利支付率。

互动环节一:根据固定股利增长贴现模型,对该董事的观点进行分析,判断其是否正确?

☆_____

_____

☺**分析提示**:该董事的观点是错误的。该公司一直采用固定股利支付率政策,由于第4年及以后的净收益水平保持不变,故从第4年开始每年的股利是固定的。在固定股利增长模型中($V=D_1/K-g$),在其他条件不变的情况下,股价变高时,股票的价值也会变高。但是其他条件不是不变的,如果公司股利支付率提高,则公司的增长率 g 将会下降,股票的价格不一定会提高。若股权收益率 ROE 大于 K,价格不但不会上升,反而会下降。

互动环节二:如果股利增加,对可持续增长率和股票的账面价值的影响如何?

☆_____

_____

☺**分析提示**:如果股利增加,股利支付率的提高会使得用于再投资企业的资金减少,所以将会减少可持续增长率。同理,股利支付率的上升也可能会减少股票价值。

互动环节三:评估新建超市项目对公司股票价值的影响。

☆_____

_____

☺**分析提示**:

$$K = 4\% + 1.5 \times (8\% - 4\%) = 10\%$$

预计第 1 年的股利 $= 2 \times (1 + 15\%) = 2.3(元)$

预计第 2 年的股利 $= 2.3 \times (1 + 15\%) = 2.65(元)$

预计第 3 年的股利 $= 2.65 \times (1 + 8\%) = 2.86(元)$

股票的价值 $= 2.3 \times (P/F, 10\%, 1) + 2.65 \times (P/F, 10\%, 2) + 2.86 \times (P/F, 10\%, 3) + \dfrac{2.86}{10\%}(P/F, 10\%, 3) = 27.92(元)$

根据以上结果得知,公司股票的内在价值高于其市价,这一分析表明,采用新项目,公司股价将会上升,相应地,其风险溢价也会上升。

2. ABC 公司在 1988 年 1 月 1 日发行了一系列新债券,债券以面值出售(1 000),利率是 12%,30 年到期,利息每半年支付一次(6月30日和12月31日)。

互动环节一:ABC 公司在 1988 年 1 月 1 日发行的债券,它的到期收益率是多少?

☆_____

☺**分析提示**:由于 ABC 公司的债券是以面值发售的,因此它的到期收益率是 12%。

互动环节二:在 2013 年 1 月 1 日,债券的价格是多少?假设利率下降到了 10%。

☆_____

_____

分析提示：在 2013 年 1 月 1 日，利率降到 10%，每半年支付的利息为（1 000×12%÷2）60 元；期数为 50 期（25 年的两倍），因此

$$债券的价格 = \sum_{t=1}^{50} \frac{60}{(1+\frac{10\%}{2})^t} + \frac{1\,000}{(1+\frac{10\%}{2})^{50}} =$$

$$60 \times (P/A,5\%,50) + 1000 \times (P/F,5\%,50) = 1\,182.55(元)$$

互动环节三：已知上一题中的债券价格，计算债券在 2013 年 1 月 1 日的当前收益和资本利得。

☆_____

_____

分析提示：

$$当前收益率 = \frac{120}{1\,182.55} = 10.15\%$$

$$资本利得 = 10\% - 10.15\% = -0.15\%$$

互动环节四：在 2001 年 7 月 1 日，ABC 公司的债券以 916.42 的价格出售，那么，当天的到期收益率是多少？

☆_____

_____

分析提示：

$$916.42 = \sum_{t=1}^{13} \frac{60}{(1+\frac{i}{2})^t} + \frac{1\,000}{(1+\frac{i}{2})^{13}}$$

通过查表得 $i=14\%$

互动环节五：2001 年 7 月 1 日的当前收益和资本利得各是多少？

☆_____

分析提示：

$$当期收益率 = \frac{120}{916.42} = 13.09\%$$

$$资本利得 = 14\% - 13.09\% = 0.91\%$$

互动环节六：现在，假设你在 2001 年 3 月 1 日购买了一张未偿付的 ABC 公司的债券，这时的利率是 15.5%，那么，你需要为这笔交易支付多少金额？

☆_____

_____

分析提示：
由于 2001 年 3 月 1 日非付息日，因此先计算 2001 年 7 月 1 日债券的内在价值：

$$V_b = \sum_{t=1}^{13} \frac{60}{(1+\frac{15.5\%}{2})^t} + \frac{1\,000}{(1+\frac{15.5\%}{2})^{13}} =$$

$$60 \times (P/A, 7.75\%, 13) + 1\,000 \times (P/F, 7.75\%, 13) = 859.72(元)$$

再加上所收到的利息,价格为 919.72 元。

而 3 月 1 日到 7 月 1 日尚有 2/3 期,此时需要支付的债券价格为

$$V_b = \frac{919.72}{(1+\frac{15.5\%}{2})^{\frac{2}{3}}} = 875.11(元)$$

3.某开放型基金首次认购费为 0.2 元/份,基金赎回费为 0.15 元/份,2012 年年初总份数为 100 万份,基金资产总额的账面价值为 3 500 万元,其市场价值为 4 800 万元,基金的负债总额为 600 万元,2012 年年末总份数为 80 万份,基金资产总额的账面价值为 400 万元,其市场价值为 4 700 万元,基金的负债总额为 700 万元,甲投资人 2012 年年初时持有该基金 10 000 份,年末时持有 9 800 份。

互动环节一:计算 2012 年年初和年末基金净资产价值总额。

☆_____

😊**分析提示**:

2012 年年初基金净资产价值总额=4 800-600=4 200(万元)

2012 年年末基金净资产价值总额=4 700-700=4 000(万元)

互动环节二:计算 2012 年年初和年末的基金单位净值。

☆_____

😊**分析提示**:

$$2012\ 年年初基金单位净值 = \frac{4\,200}{100} = 42(元/份)$$

$$2012\ 年年末基金单位净值 = \frac{4\,000}{80} = 50(元/份)$$

互动环节三:计算该基金 2012 年年初的认购价和 2012 年末的赎回价。

☆_____

😊**分析提示**:

2012 年年初的认购价=42+0.2=42.2(元/份)

2012 年年末的赎回价=50-0.15=49.85(元/份)

互动环节四:计算甲投资人 2012 年度投资该基金获得的基金收益率。

☆_____

😊**分析提示**:

$$基金收益率 = \frac{9\,800 \times 50 - 10\,000 \times 42}{10\,000 \times 42} \times 100\% = 16.67\%$$

第三节 证券投资管理案例分析

一、北京汽车集团有限公司资本扩张之路

（一）案例简介

2013年2月1日，北京汽车集团有限公司（以下简称"北汽集团"）和北汽集团旗下的北京汽车股份公司（以下简称"北汽股份"）与戴姆勒在德国斯图加特签署了一系列重大股权协议：戴姆勒公司将入股北汽股份，持股比例达12%；北汽股份获得北京奔驰的控制权，持股比例增至51%，同时获得梅赛德斯奔驰E级车平台技术，这意味着北汽集团将成为首个海外整车企业参股的国内汽车集团。

1. 北汽股份将先H股后A股上市

"本次双方战略合作架构分为三个层面、四项合作。"北汽高层表示，在资本合作层面，戴姆勒入股北汽股份，同时北汽股份完成对北京奔驰的重组；在技术合作层面，戴姆勒无偿将梅赛德斯奔驰E级车平台有关技术许可给北汽股份，用以开发北汽自主品牌高端车；而在业务合作层面，北汽集团与戴姆勒合资设立北京梅赛德斯奔驰销售服务有限公司。

北汽股份是北汽集团用于整体上市的平台，上述高层表示，通过本次"北戴合作"，北汽集团有望解决影响北汽股份上市的重大障碍，从而使北汽股份登陆境内外资本市场成为可能，满足北汽股份自身发展的资金需求，并建立长期融资渠道。目前，由北汽集团控股的北汽股份正按照北京市的要求，积极筹备先H股后回归A股的上市工作。根据双方达成的协议，戴姆勒将通过购入增发股份的方式，持有北汽股份12%的股权，获得北汽股份董事会中的两个席位。

2. 新销售公司中戴姆勒持股51%

对于外界而言，此次合作最引人关注的是北京奔驰之后的新走向。北汽股份在完成对北京奔驰的股权重组后，持股比例将增加到51%，而戴姆勒方降低为49%，北汽股份从而实现对北京奔驰财务报表的合并。今后在对北京奔驰公司治理的重组完成后，北京奔驰董事长将享有在北京奔驰年度经营计划、经审计的财务报告、公司高管的聘用及薪酬标准等有关事项上的一票决定权。

作为股权调整的回报，新销售公司组建后，戴姆勒在该合资销售服务公司中持股将达51%。"合作亮点在于，通过设立专业服务平台以整合现有北京奔驰销售服务管理职能：统一产品销售管理渠道、统一销售及市场营销服务、统一品牌形象和售后管理服务。"北汽高层同时表示，北京奔驰所拥有的国产梅赛德斯奔驰产品销售批发权并不受任何影响。

3. 扶持自主品牌高端化发展

北汽集团董事长徐和谊表示，"北戴合作"中的技术合作亮点也尤为突出，通过无偿的技术许可方式，获得了新产品开发的平台技术，从而大幅降低了技术引进的成本，缩短再研发的时间，从而为北汽集团自主品牌提供支持。

按照双方的协议,戴姆勒将现有梅赛德斯奔驰 E 级车加长版 V212 平台及前后车桥有关核心技术,永久无偿许可给北汽股份;未来还将向北汽股份提供梅赛德斯奔驰原厂动力总成产品与之配套,包括但不限于 1.8 L 涡轮增压发动机、3.0 L 自然吸气发动机及与之配套的 6 速自动变速箱;同时戴姆勒将协助北汽股份,将现有基于"萨博"技术自主研发的动力总成系统,通过技术改造的形式,用于许可平台的整车匹配。

同时,北汽方面表示,通过本次合作,北汽集团与戴姆勒将进一步充分整合双方优势资源,后续双方将在新能源汽车领域进一步共享核心技术,在电池及电机控制系统的开发和制造方面展开紧密合作,互相提供技术支持和产品,共享在新能源汽车零部件方面的配套资源以及在试运营方面的经验。

(二)理论知识链接

1. 股票投资的种类

股票投资主要分为两种:普通股投资和优先股投资。企业投资于普通股,股利收入不稳定,投资于优先股可以获得固定的股利收入。因此,普通股股票价格比优先股股票价格的波动要大,投资普通股比投资优先股的风险要大,但投资普通股,一般能获得较高收益。

2. 股票投资的目的

企业进行股票投资的目的主要有两种:一是获利,即作为一般的证券投资,获取股利收入及股票买卖差价;二是控股,即通过购买某一企业的大量股票达到控制该企业的目的。

3. 股票股价模型

(1)股票估价的基本模型。

股票估价的一般模型的基本计算公式为

$$P = \sum_{t=1}^{n} \frac{R_t}{(1+K)^t}$$

式中　P——股票价值;

　　　R_t——股票第 t 年带来现金流入量(包括股利收入、卖出股票的收入);

　　　K——折现率(股票的必要报酬率);

　　　n——持有年限。

(2)股利固定模型(零成长股票的模型)。

如果长期持有股票,且各年股利固定,其支付过程是一个永续年金,股票价值计算公式为

$$P = \sum_{t=1}^{\infty} \frac{D}{(1+K)^t} = \frac{D}{K}$$

式中　D——各年收到的固定股息,其他符号的含义与基本公式相同。

(3)股利固定增长模型。

从理论上看,企业的股利不应当是固定不变的,而应当不断增长。假定企业长期持有股票,且各年股利按照固定比例增长,则股票价值计算公式为

$$P = \sum_{t=1}^{\infty} \frac{D_0(1+g)^t}{(1+K)^t}$$

式中　D_0——上年的股利；
　　　g——股利每年增长率,其他符号含义与基本公式相同。

如果 $g<K$,用 D_1 表示预计第一年股利,则上式可简化为

$$P = \frac{D_0 \times (1+g)}{K-g} = \frac{D_1}{K-g}$$

当预期报酬率与必要报酬率相等时,有 $K = \frac{D_1}{P} + g$,这就是著名的戈登模型,常用于普通股资本成本的计算。

(4)三阶段模型。

在现实生活中,很多公司的股利可能既不是一成不变,也不一定按照固定比率持续增长,而是出现不规则变化,比如预计未来一段时间内股利高速增长,接下来的时间正常固定增长或者固定不变,则可以分别计算高速增长、正常固定增长、固定不变等各阶段未来收益的现值,各阶段现值之和就是非固定增长股利的股票价值。

P = 股利高速增长阶段现值+固定增长阶段现值+固定不变阶段现值

(三)实训项目要求

✿要求一:根据以上资料,总结北汽集团、北京奔驰及戴姆勒公司三者之间的股权关系。

☺ _____

_____

✿要求二:北汽集团通过控股北京奔驰获得哪些权益?这些权益为北汽集团未来的发展提供了哪些支持?

☺ _____

_____

✿要求三:比较分析股票内在价值的几种股价模型。

☺ _____

_____

二、史玉柱投资民生银行赚40亿

(一)案例简介

从脑白金到巨人网络,再到民生银行(600016),史玉柱赚钱的效率越来越高。仅仅13个月的时间,史玉柱在民生银行A股上的投资回报率高达90%,对于数十亿元的大投资,这一回报足以让任何实业投资难望其项背,就连屡现造富神话的网络行业也相形失色。资料显示,上海健特持有的8亿股民生银行A股,自2011年底至2013年初,为史玉柱赚取了40亿元人民币的账面收益,相当于巨人网络2011年净利润的5倍。史玉柱在股票投资上的回报率既击败了众多专业投资机构,也超越了他的"核心业务"网游。或许正是这样巨大的赚钱效应,让这位实业巨人的目光转向了股票投资。

史玉柱此次对民生银行的投资,非常符合"别人恐慌的时候我贪婪"的巴氏定律。据媒体统计,从 2011 年 3 月开始,史玉柱在民生银行 A 股和 H 股的增持共包含 85 次单笔交易,合计耗资约 55 亿元。最让投资者津津乐道的是,2012 年 9 月,多家外资投行接连发布报告,唱空银行股,民生银行的 A 股、H 股的股价也双双重挫,A 股甚至于去年 9 月 5 日创下 5.39 元的年内最低点。然而,史玉柱在一片质疑声中不断唱多民生银行,并自 2011 年 8 月 29 日以来,多次公开承诺长期投资,三年内不会抛售民生银行 A 股。

2013 年 1 月 2 日,史玉柱发布了他对股票的投资心得。他表示:"其实买股票没那么复杂。认真研究:①该公司未来盈利能否持续理想成长?②眼前股价有没有被低估?只要同时满足这两条就买入,买完,该干吗就干吗去,看不懂的行业,我不买;15 倍以上市盈率的,我不买。"

"史玉柱所说的两条投资心得看似简单,实际很不简单。"有投资人士表示,首先史玉柱提出的指标之一是要看公司未来盈利能否持续理想成长,而对行业和公司的调研就是大学问;另一个指标是看眼前的股价被低估没有,这更需要一整套估值系统以及具备相当的财务知识。除了投资 A 股,史玉柱还涉足港股金融衍生品,这都需要专业团队操作,史玉柱绝不是一个人在战斗。

（二）实训项目要求

✿要求一:结合案例分析,投资者应如何正确选择证券投资对象及其投资时机?

☺ _____

✿要求二:分析史玉柱的投资心得,通过查找资料指出,投资者进行股票投资时,通常需要分析计算哪些财务指标?

☺ _____

✿要求三:2008～2012 年末,中国股市一直处于低迷状态,通过史玉柱投资民生银行获利 40 亿元的案例,分析影响投资者进行股票投资的因素有哪些。

☺ _____

第四节 技 能 实 训

一、股票投资决策实训

（一）实训目的

运用股票估价模型,对上市公司股票价值进行估算,从而帮助投资者做出正确的股票投资决策。

（二）实训内容

国药集团计划利用一笔长期资金投资购买股票。现有 A 公司和 B 公司股票可供选择,该公司只准备投资一家公司的股票。已知 A 公司股票现行市价为每股 9 元,上年每股股利为 0.15 元,预计以后每年以 6% 的增长率增长;B 公司股票现行市价为每股 7 元,上年每股股利为 0.60 元,股利分配政策将一贯坚持固定股利政策。该公司所要求的投资必要报酬率为 8%。

(三)实训要求

(1)利用股票估价模型,分别计算 A、B 公司的股票股价。
(2)代国药集团做出股票投资决策。

二、债券投资决策实训

(一)实训目的

运用债券估价模型,对公司债券价值进行估算,从而帮助投资者做出正确的债券投资决策。

(二)实训内容

A 公司欲在市场上购买 B 公司曾在 2009 年 1 月 1 日平价发行的债券,每张面值 1 000 元,票面利率 10%,5 年到期,每年 12 月 31 日付息。

(三)实训要求

(1)假定 2013 年 1 月 1 日的市场利率下降到 8%,若 A 公司在此时欲购买 B 公司债券,则债券的价格为多少时才可以购买?

(2)假定 2013 年 1 月 1 日市场利率为 9%,B 公司债券的市价为 900 元,此时 A 公司购买该债券持有至到期时的投资收益率是多少?

(3)假定 2011 年 1 月 1 日的市场利率为 12%,此时债券市价为 950 元,A 公司是否应购买该债券?

第六章
Chapter 6

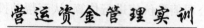

营运资金管理实训

【本章实训要点】

通过本章学习,要求掌握现金的持有动机与成本、最佳现金持有量的计算;掌握应收账款的功能与成本、信用政策的构成与决策;掌握存货的功能与成本、存货经济批量模型。

【实训目的和要求】

通过营运资金管理的实训,使学生了解现金管理的目的、应收账款成本的含义及组成、存货成本的含义及组成;了解现金管理的内容、加强现金收支日常管理的措施、存货管理的 ABC 分析法;掌握目标现金持有量确定的模式、应收账款的账龄分析、存货资金占用量的测定;了解应收账款信用条件的选择、存货经济批量的基本模型。能够借助实训案例,在教师的指导下,独立思考和分析所给案例资料,结合有关理论,通过实际案例分析,拓展思维能力,掌握应有的专业知识和技能。

【营运资金管理知识体系】

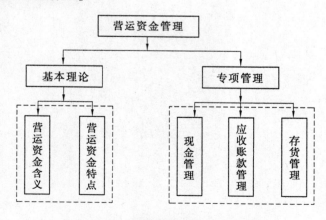

图 6.1 营运资金管理任务知识结构图

第一节　导入案例训练

【案例一】

华威电脑公司信用政策的制定

（一）案例资料

华威电脑公司于 1995 年成立，它主要生产小型及微型处理电脑，其市场目标主要定位于小规模公司和个人。该公司生产的产品质量优良，价格合理，在市场上颇受欢迎，销路很好，公司因此迅速壮大起来，由最初只有几十万资金发展为拥有上亿资产的公司，但到了 21 世纪初期，该公司经营出现了一些问题。公司过去为了扩大市场占有额，促进销售，一直采用比较宽松的信用政策，客户拖欠的款项数额越来越大，时间也越来越长，严重影响了公司资金的周转循环，公司不得不靠长期负债和短期负债筹集资金。最近，主要债权人不同意进一步扩大债务，所以公司经理非常担忧。该公司财务人员整理相关资料如下：

第一，公司的销售条件为"2/10，n/80"，大约有一半的顾客享受折扣，但有许多未享受折扣的顾客延期付款，公司平均收账期为 50 天。2013 年的坏账损失为 600 万元，收账费用为 60 万元。

第二，如果改变信用条件为"2/10，n/40"，那么很可能发生以下变化：销售额由原来的 1.2 亿元下降至 1 亿元；坏账损失减少至 120 万元；收账费用减少至 50 万元；享受折扣的顾客由 50% 增加至 70%（假定未享受现金折扣的顾客也能在信用期限内付款）；由于销售规模下降，公司存货资金占用将减少 2 000 万元；公司销售的变动成本率为 60%；资本成本率为 15%。

※思考问题：为改善公司目前的财务状况，公司应采取什么措施？

（二）案例分析提示

公司为改变目前的财务状况，应设法努力收回以前客户拖欠的款项，因为拖欠时间越长，欠款越难收回；加之债权人不同意扩大资金提供，公司只有采取积极的收账政策，才可改善目前的财务状况。此外，公司应制定较高的信用标准，以保证享受折扣的顾客也能在信用期限内付款。

【案例二】

新华电器商品采购批量的确定

（一）案例资料

新华电器有限公司是一家以经营各类家用电器为主的全国性家电零售连锁企业，该公司本着"求实求新、精益求精"的企业理念，依靠准确的市场定位和薄利多销的经营策略得以蓬勃发展。目前，新华电器已经成为全国驰名商标，并已发展成为中国最大的家电零售连锁企业，在北京、天津、上海、成都等 25 个城市以及香港地区拥有直营店 150 余家，员工过万，多次蝉联中国商业连锁企业三甲。

在长期的经营实践中,新华电器形成了独特的商品、价格、服务、环境四大核心竞争力,全面引进了彩电、冰箱、洗衣机、空调、手机、电脑等产品,使所经销的商品几乎囊括了所有消费类电子产品。大单采购、买断、定制等多种适合家电经营的营销手段保证了新华家电的价格优势。

7月中旬,正是空调订货销售时期,分公司主管业务工作的副经理李新刚来到办公室,营业部负责人王刚就匆匆进来,商讨有关海尔空调的订货事宜。王刚说:"采购员赵伟从青岛海尔空调器有限公司打来电话,说'海尔空调有现货供应,规格型号正是目前市场畅销的几种。进货价格平均约合每台3 000元左右,若一次订购500台,还可以得到5%的价格优惠,是否按折扣价格购进,请速回电话告知'。"由于近来空调市场需求旺盛,海尔空调已经库存不多,正考虑此事的李经理听后很高兴说:"这是个好消息!老赵,你算一下账,看怎样订购更合适,然后把你的意见告诉我。"赵刚从商学院毕业后来到电器公司工作已经数年,有着较丰富的商品采购、保管、推销经验,几年来,由他采购或决策的短期商品不仅质量上有保证、数量比较适中,而且价格也比较合理。由于经营比较得当,公司在目前激烈的市场竞争中一直处于较有利的地位。赵刚根据李新经理的意见,首先从电脑中调出了有关海尔空调的财务数据资料:公司近几年每年销售海尔空调近5 000台,每次进货费用平均为800元,平均每台空调年储存费用为200元。然后,他根据自己所掌握的方法迅速进行了有关数据的测算,包括空调的经济进货批量、每次按经济进货批量进货时空调存货的相关总成本以及若每次按享受折扣计算的进货批量进货时的相关总成本,计算完成后,赵刚心里有了数,于是立即向李经理汇报。

※思考问题:请分析赵刚通过计算后,是否应当决定按折扣价格进货。

(二)案例分析提示

在存在商业折扣的情况下,存货的经济订货批量模型一旦确定后,除了考虑进货费用与储存成本外,还应考虑存货的购置成本(进价成本),因为此时的存货购置成本已经与进货数量有了直接的联系,属于决策的相关成本。实行数量折扣的经济进货批量一般按如下步骤进行决策:首先,计算无数量折扣的情况下的经济订货批量及其存货相关总成本;然后,计算不同数量折扣优惠价格条件下和不同批量下的存货相关总成本;最后,比较不同批量下的存货总成本,最低存货相关总成本对应的进货批量就是实行数量折扣的最佳订货批量。

因此,赵刚按经济进货批量基本模型确定的经济进货批量为

$$\text{空调的经济订货量} = \sqrt{\frac{2 \times 5\,000 \times 800}{200}} = 200(\text{台})$$

每次进货200台时存货的相关总成本为

空调存货相关总成本 = 5 000×3 000+5 000÷200×800+200÷2×200 = 15 040 000(元)

每次进货500台时存货的相关总成本为

空调存货相关总成本 = 5 000×3 000×(1-6%)+5 000÷500×800+500÷2×200 =

14 158 000（元）

通过比较发现,每次进货500台时的存货相关总成本最低,所以可以按6%的折扣价格进货,此时最佳经济进货批量为500台。

第二节 基础知识练习

一、单项选择题

1. 下列不属于营运资金特点的是 （ ）
   A. 来源具有灵活多样性　　　　　　　B. 数量具有稳定性
   C. 周转具有短期性　　　　　　　　　D. 实物形态具有变动性和易变现性

2. 运用成本模型计算最佳现金持有量时,下列公式中,正确的是 （ ）
   A. 最佳现金持有量=min（管理成本+机会成本+转换成本）
   B. 最佳现金持有量=min（管理成本+机会成本+短缺成本）
   C. 最佳现金持有量=min（管理成本+经营成本+转换成本）
   D. 最佳现金持有量=min（管理成本+经营成本+短缺成本）

3. 企业在确定为应付紧急情况持有的现金数额时,不需要考虑的因素是 （ ）
   A. 企业愿意承担风险的程度　　　　　B. 企业临时举债能力的强弱
   C. 金融市场投资机会的多少　　　　　D. 企业对现金流量预测的可靠程度

4. 持有过量现金可能导致的不利后果是 （ ）
   A. 财务风险加大　　　　　　　　　　B. 收益水平下降
   C. 偿债能力下降　　　　　　　　　　D. 资产流动性下降

5. 下列各项中,不属于现金支出管理措施的是 （ ）
   A. 推迟支付应付款　　　　　　　　　B. 企业社会责任
   C. 以汇票代替支票　　　　　　　　　D. 争取现金收支同步

6. 在各种持有现金的动机中,属于应付未来现金流入和流出随机波动的动机是
   　　　　　　　　　　　　　　　　　　　　　　　　　　　　　　　　（ ）
   A. 交易性需求　　　　　　　　　　　B. 预防性需求
   C. 投机性需求　　　　　　　　　　　D. 长期投资性需求

7. 企业评价客户等级,决定给予或拒绝客户信用的依据是 （ ）
   A. 信用标准　　　　　　　　　　　　B. 收账政策
   C. 信用条件　　　　　　　　　　　　D. 信用政策

8. 坏账损失和收账费用是制定下列哪一项内容要考虑的要点 （ ）
   A. 制定收账政策　　　　　　　　　　B. 制定信用政策
   C. 制定信用标准　　　　　　　　　　D. 确定信用条件

9. 在企业应收账款管理中,明确规定了信用期限、折扣期限和现金折扣率等内容的是
   　　　　　　　　　　　　　　　　　　　　　　　　　　　　　　　　（ ）
   A. 客户资信程度　　　　　　　　　　B. 收账政策

C. 信用等级 D. 信用条件

10. 企业目前信用条件"n/30",赊销额为3 600万,预计将信用期延长为"n/60",赊销额将变为7 200万,若该企业变动成本率为60%,资金成本率为10%。计算该企业维持赊销业务所需资金变化为（　　）

　A. 增加3 600万 B. 增加54万
　C. 增加360万 D. 增加540万

11. 假设某企业预测的年赊销额为2 000万元,应收账款平均收账天数为45天,变动成本率为60%,资金成本率为8%,一年按360天计,则应收账款的机会成本为（　　）

　A. 250万元 B. 200万元
　C. 15万元 D. 12万元

12. 根据经济订货批量的基本模型,下列各项中,可能导致经济订货批量提高的是（　　）

　A. 每期对存货的总需求降低 B. 每次订货费用降低
　C. 每期单位存货储存费降低 D. 存货的采购单价降低

13. 基本经济进货批量模式所依据的假设不包括（　　）

　A. 一定时期的进货量可以准确预测 B. 存货进价稳定
　C. 存货耗用或销售均衡 D. 允许缺货

14. 存货ABC分类控制法中对存货划分的最基本的分类标准为（　　）

　A. 金额标准 B. 品种数量标准
　C. 重量标准 D. 金额与数量标准

15. 在对存货实行ABC分类管理的情况下,ABC三类存货的品种数量比重大致为（　　）

　A. 0.7∶0.2∶0.1 B. 0.1∶0.2∶0.7
　C. 0.5∶0.3∶0.2 D. 0.2∶0.3∶0.5

16. 采用ABC法对存货进行控制时,应当重点控制的是（　　）

　A. 数量较多的存货 B. 占用资金较多的存货
　C. 品种较多的存货 D. 库存时间较多的存货

二、多项选择题

1. 流动资产的特点有（　　）

　A. 流动性 B. 继起性
　C. 并存性 D. 补偿性

2. 货币资金包括（　　）

　A. 银行存款 B. 应收款项
　C. 其他货币资金 D. 库存现金

3. 货币资金日常管理应注意（　　）

　A. 缩短收账时间 B. 推迟付款日期
　C. 利用闲置资金 D. 尽量不用货币资金

4. 企业拥有现金的动机包括　　　　　　　　　　　　　　　　　（　　）
   A. 交易动机　　　　　　　　　　　　B. 预防动机
   C. 投机动机　　　　　　　　　　　　D. 偿债动机
5. 企业如果延长信用期限，则可能导致的结果有　　　　　　　　（　　）
   A. 扩大当期销售　　　　　　　　　　B. 延长平均收账期
   C. 增加坏账损失　　　　　　　　　　D. 增加收账费用
6. 通常，在基本模型下确定经济批量时，应考虑的成本是　　　　（　　）
   A. 采购成本　　　　　　　　　　　　B. 进货费用
   C. 储存成本　　　　　　　　　　　　D. 缺货成本

三、判断题

1. 企业营运资金余额越大，说明企业风险越小、收益越高。　　　（　　）
2. 营运资金就是流动资产。　　　　　　　　　　　　　　　　　（　　）
3. 企业持有的现金总额可以小于各种动机所需要现金余额之和，且各种动机所保持的现金也不必均为货币形态。　　　　　　　　　　　　　　　　（　　）
4. 企业现金持有量过多会降低企业的收益水平。　　　　　　　　（　　）
5. 现金的短缺成本随现金持有量的增加而下降，随现金持有量的减少而上升，即与现金持有量成反比。　　　　　　　　　　　　　　　　　　　　（　　）
6. 增加收账费用，就会减少坏账损失，当收账费用增加到一定程度时，就不会发生坏账损失。　　　　　　　　　　　　　　　　　　　　　　　　（　　）
7. 企业采用严格的信用标准，虽然会增加应收账款的机会成本，但能扩大商品销售额，从而给企业带来更多的收益。　　　　　　　　　　　　　（　　）
8. 存货 ABC 控制法中，C 类物资是指数量少、价值低的物资。　（　　）

四、计算题

1. 已知：某公司现金收支平衡，预计全年（按 360 天计算）现金需要量为 250 000 元，现金与有价证券的转换成本为每次 500 元，有价证券年利率为 10%。

要求：(1) 计算最佳现金持有量。

(2) 计算最佳现金持有量下的全年现金管理总成本、全年现金转换成本和全年现金持有机会成本。

(3) 计算最佳现金持有量下的全年有价证券交易次数和有价证券交易间隔期。

2. B 公司是一家制造类企业，产品的变动成本率为 60%，一直采用赊销方式销售产品，信用条件为 $n/60$。如果继续采用 $n/60$ 的信用条件，预计 2014 年赊销收入净额为 1 000 万元，坏账损失为 20 万元，收账费用为 12 万元。为扩大产品的销售量，B 公司拟将信用条件变更为 $n/90$。在其他条件不变的情况下，预计 2014 年赊销收入净额为 1 100 万元，坏账损失为 25 万元，收账费用为 15 万元。假定风险投资最低报酬率为 10%，一年按 360 天计算，所有客户均于信用期满付款。

要求：(1) 计算信用条件改变后 B 公司收益的增加额。

(2)计算信用条件改变后 B 公司应收账款机会成本增加额。

(3)为 B 公司做出是否改变信用条件的决策并说明理由。

3. 某企业应收账款原有的收账政策和拟改变的收账政策见表 6.1(假设企业资金利润率为 10%)。要求:试就上述方案进行决策。

表 6.1 企业现行、拟改变收账政策一览表

项目	现行收账政策	拟改变的收账政策
年收账费用/万元	10	15
年收账天数	60	40
坏账损失率/%	3	2
赊销额/万元	360	360
变动成本率/%	60	60

4. C 公司是一家冰箱生产企业,全年需要压缩机 360 000 台,均衡耗用。全年生产时间为 360 天,每次的订货费用为 160 元,每台压缩机持有费用为 80 元,每台压缩机的进价为 900 元。根据经验,压缩机从发生订单到进入可使用状态一般需要 5 天,保险储备量为 2 000 台。

要求:(1)计算经济订货批量。

(2)计算全年最佳订货次数。

(3)计算最低存货成本。

(4)计算再订货点。

5. 某公司本年度需耗用乙材料 36 000 千克,该材料采购成本为 200 元/千克,年度储存成本为 16 元/千克,平均每次进货费用为 20 元。

要求:(1)计算本年度乙材料的经济进货批量。

(2)计算本年度乙材料经济进货批量下的相关总成本。

(3)计算本年度乙材料经济进货批量下的平均资金占用额。

(4)计算本年度乙材料最佳进货批次。

五、互动环节

1. 富达自行车有限公司财务经理为了尽量减少企业闲置的现金数量,提高资金收益率,考虑确定最佳现金持有量,于是,由财务科对四种不同现金持有量的成本作了测算,具体数据见表 6.2。

表 6.2 现金持有方案 单位:元

方案	甲	乙	丙	丁
现金持有量	30 000	40 000	50 000	60 000
机会成本率/%	8	8	8	8
短缺成本	3 000	1 000	500	0

财务经理根据上述数据,利用成本分析模式,从而确定出企业最佳现金持有余额。

互动环节一: 计算不同现金持有量的机会成本。

☺分析提示：计算过程见表6.3。

表6.3　计算过程　　　　　　　　　　　　　　　　　　　　　　单位：元

方案	机会成本	短缺成本	合计
甲	30 000×8%＝2 400	3 000	5 400
乙	40 000×8%＝3 200	1 000	4 200
丙	50 000×8%＝4 000	500	4 500
丁	60 000×8%＝4 800	0	4 800

互动环节二：财务经理为什么确定40 000元为企业最佳现金持有余额？
　☆_____
_____

☺分析提示：由互动环节一可知，乙方案的总成本最低，因此，企业持有现金40 000元时是最佳现金持有量。

2. 某企业2013年A产品销售收入为40 000万元，总成本为3 000万元，其中，固定成本为600万元。

2014年该企业有下列两种信用政策可供选用。

甲方案给予客户60天信用期限（$n/60$），预计销售收入为5 000万元，货款将于60天收到，其信用成本为140万元。

乙方案的信用政策为（$2/10,1/20,n/90$），预计销售收入为5 400万元，将有30%的货款于第10天收到，20%的货款于第20天收到，其余50%的货款于第90天收到（前两部分货款不会产生坏账，后一部分货款的坏账损失率为该部分货款的4%），收账费用为50万元。

该企业A产品销售额的相关范围为3 000～6 000万元，企业的资金成本率为8%（为简化计算，不考虑增值税因素）。

互动环节一：计算该企业2013年的变动成本总额和以销售收入为基础计算的变动成本率。
　☆_____
_____

☺分析提示：
（1）变动成本总额＝3 000－600＝2 400（万元）
（2）以销售收入为基础计算的变动成本率＝2 400÷4 000×100%＝60%

互动环节二：计算乙方案的下列指标。
☆应收账款平均收账天数＝_____
☆应收账款平均余额＝_____
☆维持应收账款所需资金＝_____
☆应收账款机会成本＝_____
☆坏账成本＝_____
☆乙方案的现金折扣＝_____

☆采用乙方案的信用成本 = ＿＿＿＿＿＿＿＿＿＿＿＿＿＿＿＿＿＿＿＿＿＿

☺分析提示：

应收账款平均收账天数 = 10×30% + 20×20% + 90×50% = 52(天)
应收账款平均余额 = 5 400×52÷360 = 780(万元)
维持应收账款所需资金 = 780×60% = 468(万元)
应收账款机会成本 = 468×8% = 37.44(万元)
坏账成本 = 5 400×50%×4% = 108(万元)
乙方案的现金折扣 = 5 400×30%×2% + 5 400×20%×1% = 43.2(万元)
采用乙方案的信用成本 = 37.44 + 108 + 50 + 43.2 = 238.64(万元)

互动环节三：计算以下各项指标。

☆甲方案的现金折扣 = ＿＿＿＿＿＿＿＿＿＿＿＿＿＿＿＿＿＿＿＿＿＿＿＿＿＿
☆甲、乙两方案信用成本前收益之差 = ＿＿＿＿＿＿＿＿＿＿＿＿＿＿＿＿＿
☆甲、乙两方案信用成本后收益之差 = ＿＿＿＿＿＿＿＿＿＿＿＿＿＿＿＿＿

☺分析提示：

甲方案的现金折扣 = 0
甲、乙两方案信用成本前收益之差 = 5 000×(1−60%) − 5 400×(1−60%) = −160(万元)
甲、乙两方案信用成本后收益之差 = −160 − (140 − 238.64) = −61.36(万元) =

或
[5 000×(1−60%) − 140] − [5 400×(1−60%) − 238.64] = −61.36(万元)

互动环节四：为该企业作出采取何种信用政策的决策，并说明理由。

☆＿＿＿＿＿＿＿＿＿＿＿＿＿＿＿＿＿＿＿＿＿＿＿＿＿＿＿＿＿＿＿＿＿＿＿＿

☺分析提示：因为乙方案信用成本后收益大于甲方案，所以企业应选用乙方案。

第三节　营运资金管理案例分析

一、GE公司"现金池"落地中国

（一）案例简介

2005年8月，国家外汇管理局批复了通用电气(GE)通过招商银行实施在华的美元现金池(Cash Pooling)业务。GE目前在全球各地共有82个现金池，此次招标是GE第一次在中国内地运用现金池对美元资金进行管理。所谓现金池管理是以一种账户余额集中的形式来实现资金的集中管理，这种形式主要用于利息需要对冲，但账户余额仍然必须分开的情况。GE在中国的投资是从1979年开始的，迄今为止已经投资设立了40多个营运实体,投资规模逾15亿美元,投资业务包括高新技术、消费及工业品、设备服务、商务融资、保险、能源、基础设施、交通运输、医疗、NBC(全国广播公司)环球业务和消费者金融等10多项产业或部门,GE在中国的销售额从2001年的约10亿美元增长到2005年的近50亿美元。随着业务的扩张,各成员公司的现金的集中管理问题由于跨地区、跨行业的原因显露出来。在GE现金池投入使用之前,GE的40家子公司在外汇资金的使用上都是单兵作战,有些公司在银行存款,有些则向银行贷款,从而影响资金的使用效率。只有其人民币业务在2002年才实现了集中控制,人民币的集中管理也是通过现金池业务的形式由建行实施的。GE在中国的销售收入中绝大部分是美元资产,而2004年以前我国外汇资金管理规定:两个企业不管是否存在股权关系,都不能以外币进行转账。这其实意味着对于在华的跨国公司来说,即使子公司账上有钱,母公司也不能拿,如此一来,GE在中国的美元业务的集中管理就不能实现。直到2004年10月,外汇管理局下发《关于跨国公司外汇资金内部运营管理有关问题的通知》,提出"跨国公司成员之间的拆放外汇资金,可通过委托贷款方式进行"。在这种情况下,GE公司与招商银行合作,规避政策壁垒,实现了跨国公司集团总部对下属公司的资金控制。另外,以前GE的40个子公司的国际业务都是各自分别与各家银行谈,一旦GE总部将外汇资金上收,各子公司的开证、贴现等国际业务将会统一到招商银行。

GE公司在中国设立一个母公司账户,这就是所谓的现金池。每个子公司在母公司账户底下设立子账户,并虚拟各子公司有一个统一的透支额,在每天的下午4点钟,银行系统自动对子公司账户进行扫描,并将子公司账户清零,即当子公司有透支时,从集团现金池里划拨归还,记作向集团的借款,并支付利息,如果有结余,则全部划到集团账户上,记作向集团的贷款,向集团收取利息。例如,A公司在银行享有100万美元的透支额度,到了下午4点钟,系统计算机开始自动扫描,发现账上透支80万美元,于是便从集团公司的现金池里划80万美元归还,将账户清零。倘若此前A公司未向集团公司现金池存钱,则记作向集团借款80万美元,而B公司如果账户有100万美元的资金盈余,则划到现金池,记为向集团公司贷款100万美元,所有资金集中到集团公司后,显示的总金额为20万美元,这样一来,通过子公司之间的内部计价,对各子公司而言,免去了与银行打交道的麻烦;对企业集团而言,节省了子公司各自存贷款产生的利差负担。

究其本质,招商银行的GE美元现金池项目就是对委托贷款的灵活应用。双方合作中,银行是放款人,集团公司和其子公司是委托借款人或借款人,然后通过电子银行来实现"一揽子"委托贷款协议,使得原来需要逐笔单笔办理的业务,变成集约化的业务和流程,从而实现了整个集团外汇资金的统一营运和集中管理。

(二)理论知识链接

1. 现金管理的目的与内容

企业持有现金的动机主要有支付动机、预防动机和投机动机三个方面。现金管理的目的是在保证企业生产营运所需现金的同时,节约使用资金,并从暂时闲置的现金中获得最多的利息收入。现金管理应力求做到既保证企业交易所需资金,降低风险,又不使企业有过多的闲置资金,以增加收益。

现金管理的内容包括:

（1）编制现金收支计划，以便合理地估计未来的现金需求。
（2）对日常的现金收支进行控制，力求加速收款，延缓付款。
（3）用特定的方法确定最佳的现金余额，当企业实际的现金余额与最佳的现金余额不一致时，采用短期融资策略或采用归还借款和投资于有价证券等策略来达到理想状态。现金管理的内容如图6.1所示。

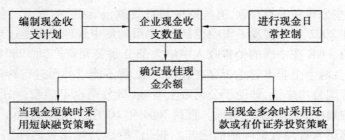

图 6.1 现金管理内容

2. 搞好现金管理，落实现金计划

应在现金日常控制方面做好以下几项工作：

（1）做好现金管理工作。
①遵守工作规定的现金使用范围。
②核定库存现金限额。
③钱账分管，实行内部牵制制度。
④严格现金存取手续，坐支现金。

（2）做好转账结算。根据我国有关规定，各单位之间的一切经济往来，包括产品销售、劳务供应和资金缴拨等的结算，除结算金额起点以下零星支付外，都必须进行转账结算。

（3）做好银行存款的管理。
①按期清查银行存款，确保存款安全完整。
②当活期存款（结算户存款）数额过多，近期内企业又无使用计划时，可转入定期存款或进行某些短期投资，以获取较高的投资收益。
③与银行或金融机构建立良好的关系，使企业的借款、存款、还款和转账结算等工作能顺利进行。

3. 现金的持有动机和成本

（1）现金的持有动机。企业持有一定数量的现金，主要基于以下三个方面的动机：交易动机、预防动机和投机动机。

（2）现金的成本。现金的持有成本通常由以下三个部分组成：持有成本、转换成本和短缺成本。

4. 现金的成本模式

（1）现金周转模式。

现金周转期如图6.2所示。

图 6.2　现金周转期

现金周转期＝存货周转期＋应收账款周转期－应付账款周转期

最佳现金持有量＝每日现金需要量×现金周转天数＝$\dfrac{\text{企业年现金需求量}}{360}$×现金周转天数

现金周转率（次数）＝$\dfrac{360}{\text{现金周转期}}$

最佳现金持有量＝企业年现金需求总量／现金周转率

(2) 成本分析模式。成本分析模式是根据现金有关成本,分析预测其总成本最低时现金持有量的一种方法。成本分析模式是要找到机会成本、管理成本和短缺成本所组成的总成本曲线中最低点所对应的现金持有量,把它作为最佳现金持有量,可用图 6.3 表示。

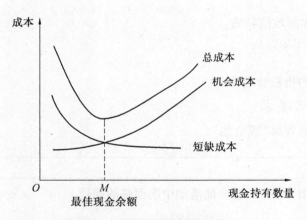

图 6.3　成本分析模式示意图

(3) 存货模式。现金余额总成本包括两个方面:现金持有成本和现金转换成本。

存货模式的最佳现金持有量就是使现金的机会成本与转换成本之和最低的现金持有量,可用图 6.4 表示。

其计算公式如下。

最佳现金持有量为

$$M=\sqrt{2Tb/i}$$

最低现金管理总成本为

$$TC=\sqrt{2Tbi}$$

式中　T——特定时间内的现金需求总量；

　　　M——最佳现金持有量；

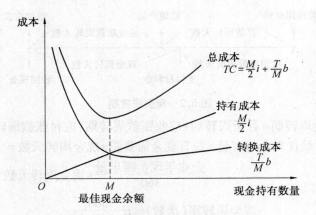

图 6.4　存货模式示意图

b——每次的转换成本；
TC——持有现金的相关总成本；
i——有价证券的年利率。

5. 现金日常管理。

（1）加速收款。

①锁箱法，又称邮政信箱法。

②银行业务集中法。

（2）控制支出。

（3）闲置现金的投资管理体制。

（三）实训项目要求

✿要求一：如何理解"现金池"？
✿_____
_____

✿要求二：列出 GE 公司现金池落地中国面临的问题。
✿_____
_____

✿要求三：现金池对中国企业集团的借鉴作用及中国企业实际应用时需注意的问题有哪些？
✿_____
_____

二、华基公司的应收账款管理

（一）案例简介

华基公司是一家销售小型及微型电脑的电脑公司,其市场目标是针对小规模的公司,这些公司只需要使用电脑而不需要购买向IBM所供的大型电脑设备。公司所生产之产品极佳,销路极佳,而扩张迅速。关于该公司2009~2011年的资产负债表与利润表见表6.4、表6.5。

表6.4　资产负债表　　　　　　　　　　　　　单位:万元

项　目	2009年	2010年	2011年
现金	100	150	200
应收账款	1 000	2 000	3 000
存货	900	1 800	2 800
流动资产净值	2 000	3 950	6 000
固定资产净值	3 000	3 550	4 000
资产合计	5 000	7 500	10 000
应付账款	300	400	500
应付银行票据(10%)	300	1 280	2 350
应付费用	100	120	150
流动负债合计	700	1 800	3 000
长期负债(10%)	1 000	2 100	3 200
普通权益	3 300	3 600	3 800
负债与净值总额	5 000	7 500	10 000

表6.5　利润表(年底)　　　　　　　　　　　　单位:万元

项　目	2009年	2010年	2011年
销货毛收入	7 500	8 750	10 000
折让	80	90	100
销货净额	7 420	8 660	9 900
销货成本(销货毛收入的80%)	6 000	7 000	8 000
毛利	1 420	1 660	1 900
减:利息费用	90	250	500
信用部门及收款费用	20	30	50
呆账费用	210	330	450
课税所得	1 100	1 050	900
税款(40%)	440	420	360
净利	660	630	540

利息费用是根据每年的平均贷款余额,不是根据上表所示年底资产负债表得出。负债的利率为10%,因此,平均负债余额2009年为900万元,2010年为2 500万元,2011年为5 000万元。

2012年初,该公司有些问题开始呈现出来。该公司过去的成长一向利用保留盈余、长期负债融资。不过,主要的放款人开始不同意进一步扩大债务而不增加自有资金。公司最初的创建人王强和李欢两个人没有资金投资到公司,由于担心失掉公司控制权,又不愿意出售额外股份给外人(他们两人目前拥有60%的股份,其余之股份为一机构投资人持有)。该公司的长期负债之利率为10%,王先生及李先生非常忧虑继续保有其信用额度。该公司的销货条件为"2/10,$n/60$",约半数的顾客享受折扣,但有许多未享受折扣的顾客,延迟付款。2011年的呆账损失为450万元,信贷部门的成本(分析及收款费用)总计为50万元。该公司制造几种不同形式的电脑,但售价均为5 000元,销货成本约为4 000元。2011年销售总计20 000部。销售情况在该年相当平稳,没有显著的季节变动。从生产一种电脑形式转变为另一种形式之设置成本为5 000元,此项数值可视为"订货成本"。储存存货的成本估计为30%;这么高的比率,是由于高技术产品如电脑陈旧的耗费很大。试分析该公司的财务状况,特别是其信用存货政策,并提出改善建议。

假设该公司在2011年营运之信用政策改变如下:

(1)信用条件为"2/10,$n/30$",而非"2/10,$n/60$"。

(2)该公司可利用较高的信用标准。

(3)该公司应加强努力收回欠款。

如果这些改变措施,在2011年实施,那么很可能引起下列的变化:销售毛净额仅为9 800万元,而非10 000万元;呆账损失减为150 000元;信用部门成本增加至100万元;平均收款期间减少至30天;享受折扣顾客之百分比由50%增加到80%。

这样净利、普通股之报酬率、负债比率、流动情况分别会受到什么样的影响?有些因素或许会使得事情不如你所分析预测的那样进行,列出这些主要因素并加以讨论。

(二)理论知识链接

1. 应收账款投资的原因和管理目标

(1)应收账款投资的原因。企业提供商业信用,采取赊销、分期付款等销售方式,可以扩大销售,增加利润。

(2)应收账款管理的目标。应收账款的目标是:企业应在发挥应收账款强化竞争、扩大销售功能的同时,尽可能降低应收账款投资的机会成本,减少坏账损失与管理成本,提高应收账款投资的收益率。

2. 应收账款的成本

应收账款的成本主要有机会成本、管理成本和坏账成本三项。

(1)机会成本。它是指资金由于投放在应收账款上而不能用于其他投资所丧失的收益。

应收账款机会成本 = 维持赊销业务所需要的资金 × 资金成本率 =

⇩

应收账款平均余额 × 变动成本率 × 资金成本率 =

⇩

$\dfrac{年赊销额}{360}$ × 平均收账天数 × 变动成本率 × 资金成本率

式中　　　　　　　　　　　变动成本率 = $\dfrac{变动成本}{销售收入}$

（2）管理成本。应收账款的管理成本是指企业对应收账款进行管理而耗费的开支，主要包括对客户的资信调查费用、收账费用和其他费用。

（3）坏账成本。

3. 信用政策

信用政策即应收账款的管理政策，是指企业为对应收账款投资进行规划与控制而确立的基本原则与行为规范，包括信用标准、信用条件和收账政策三部分内容。

（1）信用标准。信用标准是客户获得企业商业信用所应具备的最低条件，通常以预期的坏账损失率表示。

信用标准的定性分析如下：

①同业竞争对手的情况。

②企业承担违约风险的能力。

③客户的资信程度。客户的资信程度通常可以从以下五个方面进行分析，简称"5C"评价法。这五个方面是：

品质（Character）。它是指客户履约或违约的可能性。

能力（Capacity）。它是指客户支付货款的能力。

资本（Capital）。它是指客户的经济实力和财务状况。

抵押品（Collateral）。它是指客户提供的可作为资信安全保证的资产。

经济状况（Conditions）。它是指不利经济环境对客户偿付能力的影响及客户是否具有较强的应变能力。

信用标准的定量分析如下：

①确定信用等级评价标准。

②利用客户的财务报告资料，计算各自的指标值与信用等级评价标准比较。

③进行风险排队，确定风险等级。

（2）信用条件。信用条件是指企业接受客户信用订单时所提出的付款要求，主要包括信用期限、折扣期限和现金折扣等。信用条件的基本表现方式为：$2/10, 1/20, n/30$ 等形式，其含义为：10天内付款可享受价款2%的现金折扣，第10~20天内付款可享受1%的现金折扣，如果放弃现金折扣优惠，则全部款项必须在30天内付清。

①信用期限。信用期限是指企业允许客户从购货到支付货款的时间间隔。通常，延长信用期限，可以在一定程度上扩大销售量；但不适当地延长信用期限，会给企业带来不良后果。

②现金折扣和折扣期限。现金折扣实际上是对现金收入的扣减，企业决定是否提供以及提供多大程度的现金折扣，着重考虑的是提供折扣后所得的收益是否大于现金的成本。企业究竟应当核定多长的现金折扣期限，以及给予客户多大程度的现金折扣优惠，必须将信用期限及加速收款所得到的收益与付出的现金折扣成本结合起来考察。

③信用条件的选择。信用条件的选择与信用标准的选择相似，即比较不同的信用条件的销售收入及相关成本，最后计算出各自的净收益，并选择净收益最大的信用条件。

(3)收账政策。收账政策是指信用条件被违反时,企业采取的收账策略。企业如果采用较积极的收账政策,可能会减少应收账款投资,减少坏账损失,但要增加收账成本。如果采用较消极的收账政策,则可能会增加应收账款投资,增加坏账损失,但会减少收账费用。一般而言,收账费用支出越多,坏账损失越少,但这两者并不一定存在线性关系。通常情况是:开始花费一些收账费用,应收账款和坏账损失有小部分降低;收账费用增加,应收账款和坏账损失明显减少;收账费用达到某一限度以后,应收账款和坏账损失的减少就不再明显了,这个限度称为饱和点,如图6.5中的 F 点。在制定信用政策时,应权衡增加收账费用与减少应收账款机会成本和坏账损失之间的得失。

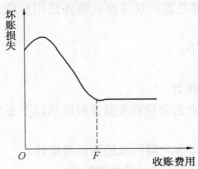

图6.5 收账费用与坏账损失的关系

4. 应收账款的日常管理

(1)信用调查。

①直接调查;

②间接调查。

(2)应收账款账龄分析。应收账款账龄分析就是考察研究应收账款的账龄结构。一般而言,账款的逾期时间越短,收回的可能性就越大,发生坏账损失的程度相对越小;反之,收账的难度及发生坏账损失的可能性就越大。

(3)应收账款的回收。企业对不同拖欠时间的账款和不同信用品质的客户,应采用不同的收账方法,制定出经济可行的收账方案。

(4)建立应收账款坏账准备制度。

(三)实训项目要求

✿要求一:根据华基公司的财务状况(主要通过资产负债表),分析该公司不同信用政策下的应收账款管理成本。

☆ _____

✿要求二:分析华基公司不同信用政策下的净利润、普通股报酬率、负债比率、资产流动情况等财务指标的变动情况。

☆ _____

✿要求三:根据要求一、二计算的结果,请你为华基公司制定合适的应收账款管理方法和信用政策。

☆

第四节 技 能 实 训

一、最佳现金持有量实训

（一）实训目的

掌握最佳现金持有量的确定。

（二）实训内容

强利公司现有甲、乙、丙、丁四种现金持有方案，它们各自的机会成本、短缺成本和管理成本见表6.6。

表6.6 现金持有量备选方案　　　　　　　　　　　金额单位：元

方案项目	甲	乙	丙	丁
现金持有量	60 000	120 000	180 000	240 000
机会成本率/%	8	8	8	8
短缺成本	22 400	12 950	4 500	0
管理成本	45 000	45 000	45 000	45 000

（三）实训要求

选择现金最佳持有量方案。

二、应收账款信用条件实训

（一）实训目的

掌握应收账款信用条件的制定。

（二）实训内容

春潮时装公司近年来采取较宽松的信用政策，因而销售量有所增加，但坏账损失也随之上升。公司变动成本率为65%，资金成本率（有价证券利息率）为20%。公司收账政策不变，固定成本总额不变。信用条件方案表见表6.7。

表6.7 信用条件方案表　　　　　　　　　　　　　单位：元

项目	第1年"n/30"	第2年"n/60"	第3年"n/90"
年赊销额	2 400	2 640	2 800
坏账损失	48	79.2	140
收账费用	24	40	56

公司采用按年赊销额百分比法估计坏账损失。

（三）实训要求

(1) 分析公司采用宽松的信用政策是否成功。

(2)如果第 3 年,为了加速应收账款的收回,决定将赊销条件改为"2/10,1/20,n/60",估计越有 60%的客户(按赊销额计算)会利用 2%的折扣;15%的客户利用 1%的折扣。坏账损失降为 2%,收账费用降为 30 万元。信用条件变化后收益情况会如何?

三、经济订货批量实训

(一)实训目的

掌握经济批量进货模型的运用。

(二)实训内容

东方公司是一个家用电器零售商,现经营约 500 种家用电器产品。该公司正在考虑经销一种新的家电产品。据预测,该产品年销售量为 1 080 台,1 年按 360 天计算,平均日销售量为 3 台;固定的储存成本 2 000 元/年,变动的储存成本为 100 元/台(1 年);固定的订货成本为 1 000 元/年,变动的订货成本为 74 元/次;公司的进货价格为每台 500 元。

(三)实训要求

(1)计算该商品的经济进货批量。
(2)该商品按照经济进货批量时存货平均占用的资金。
(3)该商品按照经济进货批量的相关总成本。

第七章
Chapter 7

财务预算与控制实训

【本章实训要点】

通过本章学习,要求了解财务预算的含义及作用,掌握财务预算的编制步骤、现金预算的编制方法,熟悉预计财务报表的编制方法;了解财务控制的含义和种类;掌握利润中心和投资中心的业绩评价指标。

【实训目的和要求】

通过引导案例训练,使学生加深对企业财务预算和控制工作的认知,理解财务预算和控制在企业管理活动中的重要作用;通过对理论知识的练习,使学生了解预算和控制的概念、特征及作用,对全面预算建立一个清晰的体系;通过实训案例的练习,在教师的指导下,能够根据案例资料所提供的信息,结合有关理论分析问题、解决问题;最后通过对案例的分析与整理,将知识点提炼出来,将理论与实践有机地结合起来,从而提高业务处理能力,掌握应有的专业知识和技能。

【财务预算与控制知识体系】

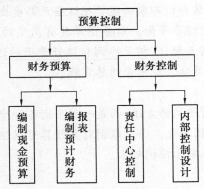

图7.1 财务预算与控制知识结构图

第一节　导入案例训练

【案例一】

（一）案例资料

有七个人曾经住在一起，每天分一大桶粥。要命的是，粥每天都是不够的。一开始，他们抓阄决定谁来分粥，每天轮一个。于是乎每周下来，他们只有一天是饱的，就是自己分粥的那一天。后来他们开始推选出一个道德高尚的人出来分粥。强权就会产生腐败，大家开始挖空心思去讨好他、贿赂他，搞得整个小团体乌烟瘴气。然后大家开始组成三人的分粥委员会及四人的评选委员会，互相攻击下来，粥吃到嘴里全是凉的。最后想出来一个方法：轮流分粥，但分粥的人要等其他人都挑完后拿剩下的最后一碗。为了不让自己吃到最少的，每人都尽量分得平均，就算不平，也只能认了。大家快快乐乐，和和气气，日子越过越好。

※思考问题：

①为什么之前的办法会使这七个人都不满意？

②为什么最后这个方法会成功？

※课堂讨论：财务预算在企业中有何重要的作用？

（二）案例分析提示

☺分析提示一

案例中每个人都是一个利益中心，从自身利益出发，使自身利益最大化就会伤害到其他人。这七个人就像企业内部的各级各部门一样，企业内部各级各部门由于其职责不同，对各自经济活动的考虑或许带有一定的片面性，甚至会出现相互冲突的现象，例如，企业的销售、生产、采购等各部门可以分别编制出对自己来说是最好的计划，而该计划对其他部门来说却未必能行得通。销售部门根据市场预测，提出自己的销售计划，但是生产部门可能没有那么大的生产能力；生产部门也可以根据自己的特点编制能够充分发挥自己生产能力的生产计划，但是销售部门却未必能够把这些产品卖出去。克服片面、避免冲突最好的办法是进行经济活动的综合平衡。财务预算具有高度的综合能力，<u>编制财务预算的过程也是企业各级各部门相互配合、相互协调和搞好平衡的过程</u>。只有企业内部各级各部门协调一致，才能最大限度地实现企业的总目标。

☺分析提示二

最后的方法并不是绝对平均的方法，而是一种平衡各种冲突具有高度综合性的方法，七个人都能够认同，而且一团和气。企业编制财务预算可以综合各级各部门的冲突，可以使各级各部门的工作在此基础上协调起来。

【案例二】
好利来食品有限公司预算管理模式分析

（一）案例资料

  好利来食品有限公司是一个食品企业，在食品市场上占有一定的份额，整个企业处于稳步发展阶段。在这一时期，如果单纯依靠扩大销售的方法来提高企业的利润并不是一种最有效的方法，因此提高企业利润的重心就应该放在加强成本费用的管理上。为与企业的发展阶段相适应，好利来在进行预算管理时采用以成本费用为中心的预算管理模式，对企业的成本费用进行事前、事中和事后管理。为实现以成本、费用为中心的预算管理模式，好利来设计了预算管理框架流程。

  （1）预算的编制方法。好利来预算的编制采用零基预算（基本思想是不考虑以往会计期间所发生的费用项目或费用额，一切从零开始）的方法，每月由各部门对其资金收支情况进行预算，总会计师和总经理确认预算合理以后，财务部门将全企业的预算进行汇总，形成全企业的月份资金使用总预算。

  （2）预算的执行和控制。公司对预算的执行情况采用双轨制进行记录，即对每笔支出，需要财务人员填制凭证，在总账子系统中自动登记总账和明细账。同时，经手人都必须填写"申请领用支票及申请付款工作联系单"，并在"限额费用使用手册"上进行登记，控制成本费用的发生。限额费用使用手册类似于为预算管理所设计的责任会计账。

  （3）预算的考评。月末对限额费用使用手册进行汇总，得到"资金费用汇总表"，随后将汇总表和预算进行比较，找出两者的差异，并进一步分析差异形成的原因。好利来对各部门的费用支出在进行预算的基础上进行有效的控制，对整个企业的成本费用起到了非常好的监控作用。而且，事后的差异分析为各部门的业绩考核提供了依据，企业的奖励制度有了实行的基础。

  ※思考问题：
  ①编制预算的意义是什么？
  ②预算编制的方法主要有几种？好利来采用了哪种方法？
  ③该方法的优点是什么？
  ※课堂讨论：预算管理的程序是什么？

（二）案例分析提示

☺分析提示一

  财务预算是一系列专门反映企业未来一定预算期内预计财务状况和经营成本，以及现金收支等价值指标的各种预算的总称，具体包括现金预算、财务费用预算、预计利润表、预计利润分配表和预计资产负债表等内容。财务预算具有规划、沟通和协调、资源分配、营运控制和绩效评估的功能。财务预算作为全面预算体系中的最后环节，可以从价值方面总括地反映经营期决策预算与业务预算的结果，因此，它在全面预算体系中占有举足轻重的地位。编制财务预算对于企业经营管理和实现目标利润具有重要的意义，概括起来有以下四点：

1. 财务预算是企业各级各部门工作的奋斗目标

财务预算是以日常业务预算和专门决策预算为基础编制的综合性预算,整个预算体系全面、系统地规划了企业主要技术经济指标和财务指标的预算数。因此,只有编制财务预算,才能确定企业的总体目标,才能明确企业内部估计各部门的具体目标,如销售目标、生产目标、成本目标、费用目标、收入目标和利润目标等。各级各部门根据自身的具体目标安排各自的经济活动,设计达到目标的各种方法和措施,从而,企业的总体目标就得到了保障。

2. 财务预算是企业各级各部门工作协调的工具

企业内部各级各部门由于其职责不同,对各自经济活动的考虑或许带有一定的片面性,甚至会出现相互冲突的现象。克服片面、避免冲突最好的办法是进行经济活动的综合平衡。财务预算具有高度的综合能力,编制财务预算的过程也是企业各级各部门相互配合、相互协调和搞好平衡的过程。只有企业内部各级各部门协调一致,才能最大限度地实现企业的总目标。

3. 财务预算是企业各级各部门工作控制的标准

财务预算使企业各级各部门明确奋斗目标的同时,也为其工作提供了控制依据。预算进入实施阶段以后,各级各部门工作的中心转向控制,也就是说使经济活动按照预算进行。各级各部门应该以各项预算为标准,通过计量对比,及时提供实际偏离预算的差异数,分析原因,以便采取有力措施,巩固成绩,纠正缺点,保证预定目标的实现。

4. 财务预算是企业各级各部门工作考核的依据

现代化企业管理必须建立健全各级各部门的责任制度,而有效的责任制度离不开工作业绩的考核。在预算实施过程中,实际偏离预算的差异,不仅是控制企业日常经济活动的主要标准,也是考核、评定各级各部门和全体职工工作业绩的主要依据。通过考核,对各级各部门和全体职工进行评价,并据此实施奖惩、安排人事任免等,促使大家更好地工作,完成奋斗目标。为了让有关部门和职工及时了解自己的业绩,财务预算经起草、修改、定稿以后,必须发给各级各部门和全体职工。

☺**分析提示二**

企业编制财务预算的方法有以下几种:

1. 固定预算与弹性预算

编制预算的方法按其业务量基础的数量特征不同,可分为固定预算方法和弹性预算方法两大类。固定预算,又称静态预算,是指在编制预算时,只根据预算期内正常的、可实现的某一固定业务量(如生产量、销售量)水平作为唯一基础来编制预算的一种方法。固定预算方法存在过于机械呆板和可比性差的缺点。弹性预算,又称变动预算或滑动预算,是指为克服固定预算方法的缺点而设计的,以业务量、成本和利润之间的依存关系为依据,按照预算期可预见的各种业务量水平为基础,编制能够适应多种情况预算的一种方法。与固定预算方法相比,弹性预算方法具有预算范围宽、可比性强和便于考核的优点。编制弹性成本(费用)预算的主要方法包括公式法、列表法和图示法,编制弹性利润预算的方法包括因素法和百分比法。

2. 增量预算与零基预算

编制成本费用预算的方法按其出发点的特征不同,可分为增量预算方法和零基预算方法两大类。增量预算,又称调整预算方法,是指以基期成本费用水平为基础,结合预算期业务量水平及有关影响成本因素的未来变动情况,通过调整有关原有费用项目而编制预算的一种方法。增量预算方法的假定前提有:①现有的业务活动是企业必需的;②原有的各项开支都是合理的;③增加费用预算是值得的。增量预算法的缺点是:①受原有费用项目限制,可能导致保护落后;②滋长预算中的"平均主义"和"简单化";③不利于企业未来发展。零基预算,是指在编制成本费用预算时,不考虑以往会计期间所发生的费用项目或费用数额,而是将所有的预算支出均以零为出发点,一切从实际需要与可能出发,逐项审议预算期内各项费用的内容及开支标准是否合理,在综合平衡的基础上编制费用预算的一种方法。零基预算的优点是:不受现有费用开支水平限制;能够调动各方面降低费用的积极性,有助于企业的发展。其缺点是工作量大,编制时间较长。

3. 定期预算与滚动预算

编制预算的方法按其预算期的时间特征不同,可分为定期预算方法和滚动预算方法两大类。定期预算,是指在编制预算时以不变的会计期间(如日历年度)作为预算期的一种预算编制的方法。其优点是能够使预算期间与会计年度相配合,便于考核和评价预算的执行结果;其缺点是远期指导性差、灵活性差和连续性差。滚动预算,又称连续预算或永续预算,是指在编制预算时,将预算期与会计年度脱离,随着预算的执行不断延伸补充预算,逐期向后滚动,使预算期永远保持为一个固定期间的一种预算编制方法。滚动预算按其预算编制和滚动的时间单位不同可分为逐月滚动、逐季滚动和混合滚动三种方式。与传统的定期预算方法相比,按滚动预算方法编制的预算具有透明度高、及时性强、连续性好,以及完整性和稳定性突出等优点。

好利来预算编制采用的是零基预算,该种预算的优点是:不受现有费用开支水平限制;能够调动各方面降低费用的积极性,有助于企业的发展。

☺分析提示三

好利来在进行预算管理时,采用以成本费用为中心的预算管理模式,对企业的成本费用进行事前、事中和事后管理。为实现以成本、费用为中心的预算管理模式,好利来结合企业的发展水平和管理要求,把成本费用控制作为一项重点工作来抓,对各部门差旅费、业务招待费等项目设置预算并进行实时控制,起到了非常好的效果。

第二节 基础知识练习

一、单项选择题

1. 财务预算在全面预算体系中占有重要的地位,因此又可以称为 (   )
   A. 总预算 B. 辅助预算
   C. 业务预算 D. 决策预算
2. 企业预算以利润为最终目标,下列可以作为编制预算前提条件的是 (   )

A. 目标成本 B. 目标利润
C. 销售量 D. 产量
3. 在以销定产的企业,编制全面预算的基础是 ( )
A. 生产预算 B. 销售预算
C. 销售与管理费用预算 D. 直接人工预算
4. 在预算执行过程中,使预算期永远保持在一年的预算称为 ( )
A. 弹性预算 B. 零基预算
C. 滚动预算 D. 概率预算
5. 与生产预算没有直接联系的预算是 ( )
A. 直接材料预算 B. 变动制造费用预算
C. 销售及管理费用预算 D. 直接人工预算
6. 对财务管理目标的实现起保证和监督作用的是 ( )
A. 财务预测 B. 财务决策
C. 财务控制 D. 财务预算
7. 在责任中心里具有最大决策权,也承担最大责任的中心是 ( )
A. 成本中心 B. 投资中心
C. 利润中心 D. 生产中心
8. 协商价格的下限是 ( )
A. 市场价格 B. 单位变动成本
C. 固定成本 D. 总成本
9. 责任转账的实质是按照经济损失的责任归属将其结转给 ( )
A. 发现损失的责任中心 B. 发生损失的责任中心
C. 承担损失的责任中心 D. 下一个责任中心
10. 某成本中心生产 A 产品,预算产量为 1 000 台,单位成本为 50 元,实际产量为 1 200 台,单位成本 45 元,则该中心的成本变动额为 ( )
A. −5 000 B. −4 000
C. −7 000 D. −6 000

二、多项选择题

1. 全面预算从内容上包含 ( )
A. 日常业务预算 B. 特种决策预算
C. 财务预算 D. 现金预算
2. 编制预算的方法按其业务量是否可调整可以分为 ( )
A. 固定预算 B. 弹性预算
C. 零基预算 D. 定期预算
3. 日常业务预算包含 ( )
A. 销售预算 B. 生产预算
C. 直接材料预算 D. 销售及管理费用预算

4. 弹性预算编制方法的优点是 （　　）
A. 预算范围宽　　　　　　　　　B. 可比性强
C. 及时性强　　　　　　　　　　D. 透明度高
5. 下列需要在生产预算的基础上编制的是 （　　）
A. 直接材料预算　　　　　　　　B. 直接人工预算
C. 产品成本预算　　　　　　　　D. 管理费用预算
6. 财务控制按控制的时间可以分为 （　　）
A. 事前财务控制　　　　　　　　B. 事中财务控制
C. 事后财务控制　　　　　　　　D. 预期财务控制
7. 责任中心可以分为 （　　）
A. 成本中心　　　　　　　　　　B. 利润中心
C. 投资中心　　　　　　　　　　D. 生产中心
8. 内部转移价格的类型可以分为 （　　）
A. 市场价格　　　　　　　　　　B. 协商价格
C. 双重价格　　　　　　　　　　D. 成本加成
9. 成本中心具有下列哪些特征 （　　）
A. 只考评成本费用而不考评收益　B. 只对不可控成本负责
C. 只对责任成本进行控制和考核　D. 只对可控成本负责
10. 下列可以作为投资中心考核指标的是 （　　）
A. 利润总额　　　　　　　　　　B. 投资风险率
C. 投资利润率　　　　　　　　　D. 剩余收益

三、判断题

1. 特种决策预算是指与企业日常经营活动直接相关的经营业务的各种预算。（　　）
2. 零基预算在编制预算时不再考虑基期的预算水平，而是以零为基础。（　　）
3. 生产预算是预算编制的起点。（　　）
4. 预计资产负债表是以货币形式综合反映预算期内企业经营活动成果计划水平的一种财务预算。（　　）
5. 现金预算中的现金支出不仅包括经营性现金支出，而且也包括资本性现金支出。（　　）
6. 利润中心分为自然利润中心和人为利润中心两种。（　　）
7. 投资利润率能反映投资中心的综合盈利能力，但不具备横向可比性。（　　）
8. 成本中心既要对可控成本负责，同时也要对不可控成本负责。（　　）
9. 投资中心同时也是利润中心。（　　）
10. 剩余收益是指利润中心获得利润扣减其最低投资收益后的余额。（　　）

四、计算题

1. 飞龙实业股份有限公司（以下简称"飞龙公司"）是一家生产和销售电控机箱的公

司,该公司预计 2013 年 4 个季度的预计销售量分别为 300 件、400 件、500 件、400 件。销售单价为 80 元,每季度收到的销售货款中本季度收回 60%,其余 40% 在下一季度收讫。2012 年末应收账款余额为 9 000 元。飞龙公司电控机箱预计年度年初的库存量为 20 件,预计年度年末的库存量为 30 件,其他各期期末存货量为下期销售量的 10%。

要求:(1)根据以上资料试编制飞龙公司预算年度的销售预算。
(2)编制该公司预算年度的生产预算。

2. 某企业的产品加工车间为成本中心,生产 A 产品,预算产量为 10 万件,单位成本 150 元;实际产量 12 万件,单位成本 160 元。

要求:(1)计算该成本中心的成本变动额。
(2)计算该成本中心的成本变动率。

3. 某企业的 A 部门为利润中心,有关数据如下:

利润中心销售收入 90 万元;

利润中心销售产品变动成本和变动销售费用 50 万元;

利润中心负责人可控固定成本 15 万元;

利润中心负责人不可控而应由该中心负担的固定成本 20 万元。

要求:(1)计算该利润中心的边际贡献总额。
(2)计算该利润中心负责人可控利润总额。
(3)计算该利润中心可控利润总额。

4. E 公司只生产一种甲产品,甲产品只消耗乙材料。2010 年第 4 季度按定期预算法编制 2011 年的企业预算,部分预算资料如下。

资料一:乙材料 2011 年年初的预计结存量为 2 000 千克,各季度末乙材料的预计结存量数据见表 7.1。

表 7.1 2011 年各季度末乙材料预计结存量

季度	1	2	3	4
乙材料/千克	1 000	1 200	1 200	1 300

每季度乙材料的购货款于当季支付 40%,剩余 60% 于下一个季度支付;2011 年年初的预计应付账款余额为 80 000 元。该公司 2011 年度乙材料的采购预算见表 7.2。

表 7.2 2011 年各季度末乙材料的采购预算　　　　　　　　　　　单位:元

项目	第一季度	第二季度	第三季度	第四季度	全年
预计甲产品量/件	3 200	3 200	3 600	4 000	14 000
材料定额单耗/(千克·件⁻¹)	5	*	*	*	*
预计生产需要量/千克	*	16 000	*	*	70 000
加:期末结存量/千克	*	*	*	*	*
预计需要量合计/千克	17 000	(A)	19 200	21 300	(B)
减:期初结存量/千克	*	1 000	(C)	*	*
预计材料采购量/千克	(D)	*	*	20 100	(E)
材料计划单价/(元·千克⁻¹)	10	*	*	*	*
预计采购金额/元	150 000	162 000	180 000	201 000	693 000

注:表内"材料定额单耗"是指在现有生产技术条件下,生产单位产品所需要的材料数量;全年乙材料计划单价不变;表内的"*"为省略的数值

资料二:E公司2011年第一季度实际生产甲产品3 400件,耗用乙材料20 400千克,乙材料的实际单价为9元/千克。

要求:(1)确定E公司乙材料采购预算表中用字母表示的项目数值(列出计算过程)。
(2)计算E公司第一季度预计采购现金支出和第四季度末预计应付款金额。
(3)计算乙材料的单位标准成本。
(4)计算E公司第一季度甲产品消耗乙材料的成本差异、价格差异与用量差异。
(5)根据上述计算结果,指出E公司进一步降低甲产品消耗乙材料成本的主要措施。

五、互动环节

1. 财务预算编制的步骤是什么?预算编制的基础是什么?
☆_____

分析提示:财务预算以目标利润作为编制预算的前提条件。根据确定的目标利润,通过市场调查,进行销售预测,编制销售预算。在销售预算的基础上,做出不同项目不同层次的其他预算。具体步骤为:①根据销售预测编制销售预算。②根据销售预算确定预计销售量,再结合产成品的期初结存量和预计期末结存量编制生产预算。③根据生产预算预计生产量,编制直接材料、直接人工和制造费用预算,汇总生成产品生产成本预算。④根据销售预算编制销售费用及管理费用预算。⑤根据销售预算和生产预算预计固定资产的投资,编制资本性支出预算。⑥根据上述预算所产生的现金流量编制现金预算。⑦根据上述预算编制预计财务报表。销售预算是整个财务预算的起点,其他预算是在此基础上编制出来的,因此销售预算是整个财务预算的基础。

2. 阅读分析

韩梅和李雷是财务管理专业的学生,他们利用寒假去了当地一家大企业实习。在实习过程中,韩梅参与了公司财务预算工作,并在预算的编制过程中学习到了很多知识。李雷参与了公司财务控制制度的制定,对财务控制的重要性提高了认识。实习结束后,两个人在交流经验的过程中出现了分歧。韩梅认为预算工作对于企业来说是最重要的,大企业都要编制预算,预算可以使企业对变化做出系统的而不是混乱的反应,多数经验表明,在失败的企业中,大多数企业没有进行完整的计划和预算;李雷则认为财务控制对于企业来讲才是最重要的,企业即使有再好的财务目标,也不可能永远把它"写在纸上、挂在墙上",让人时刻警醒,只有制定财务控制制度才能保证财务目标的顺利实现。

互动环节一:如何利用你所学习的财务管理知识,帮助韩梅和李雷解决他们的分歧?
☆_____

分析提示:韩梅和李雷的分歧在于没有弄懂财务预测和财务控制二者的关系。对于企业来讲,财务控制与财务预测、决策、预算和分析共同构成了财务活动的循环。财务控制对实现财务管理目标具有保证作用,是财务管理循环的关键,而财务预算则为财务控制指明方向,提供依据。

互动环节二：财务控制的基础是什么？

☆_____
_____

☺**分析提示**：财务控制的基础是进行财务控制所必备的基本条件，主要包括以下几个方面：①组织基础。财务控制的首要基础是围绕控制目标建立组织机构，以保证控制的有效性。②制度基础。即建立相应的保证措施或制度，如人事制度、奖惩制度等。③预算目标。健全的财务目标是进行财务控制的依据，财务预算能够满足企业经营目标的要求，又能使决策量化。④会计信息。准确、真实的信息是财务控制实施过程中的基本保证。财务控制必须以会计信息为前提。⑤信息反馈系统。财务控制是一个动态的控制过程，要保证财务目标的顺利实现，必须对各责任中心执行预算的情况进行动态地跟踪，并不断调整偏差，保证信息流畅。⑥奖惩适度。奖惩制度是保证控制系统长期有效运行的重要因素。

第三节　汉斯公司的财务控制制度案例分析

汉斯公司是总部设在德国的大型包装品供应商，它按照客户要求制作各种包装袋、包装盒等，其业务遍及西欧各国。欧洲经济一体化的进程使公司可以自由地从事跨国业务。出于降低信息和运输成本、占领市场、适应各国不同税收政策等考虑，公司采用了在各国商业中心城市分别设厂，由一个执行部集中管理一国境内各工厂生产经营的组织和管理方式。由于各工厂资产和客户（即收益来源）的地区对应性良好，公司决定将每个工厂都作为一个利润中心，采用总部→执行部→工厂两层次、三级别的财务控制方式。

一、做法简介

各工厂作为利润中心，独立地进行生产、销售及相关活动。公司对它们的控制主要体现在预算审批、内部报告管理和协调三个方面。

预算审批是指各工厂的各项预算由执行部审批，执行部汇总后的地区预算交由总部审批。审批意见依据历史数据及市场预测作出，在尊重工厂意见的基础上体现公司的战略意图。

内部报告及其管理是公司实施财务控制最主要的手段。内部报告包括损益表、费用报告、现金流量报告和顾客利润分析报告。前三者每月呈报一次，顾客利润分析报告每季度呈报一次；公司通过内部报告能够全面了解各工厂的业务情况，并且对照预算作出相应的例外管理。

费用报告中的费用按制造费用、管理费用、销售费用等项目进行核算。偏离分析及相应偏高额的大小由不同层级决定，偏高额度较小的由工厂作出决定、执行部提出相应意见，偏高额度较大的由执行部作出决定、总部提出相应意见；额度大小的标准依费用项目的不同而有所差别。

顾客利润分析报告，列出了各工厂所拥有的最大的10位客户的情况，其排列次序以工厂经营所获得的利润为准，客户的报告中，产品的类别和批量是为了了解客户的主要需求,批量固定成本是指生产的准备成本和运输成本等,按时交货率和产品质量评级从客户处取得。针对每个客户,还要算出销售利润率。最后,报告将记载最大的10位客户的营业利润占总营业利润的百分比。由此,公司可以掌握各工厂的成本发生与利润取得情况,以便有针对性地加以控制;同时也掌握了其主要客户的结构和需求情况,以便实时调整生产以适应市场变化。

根据以上的内部报告,公司执行部每月召开一次工厂经理协调会,处理部分预算偏差,交换市场信息和成本降低经验,发现并解决本执行部存在的主要问题。公司每季度召开一次执行部总经理会议,处理重大预算偏离或作出相应的预算修改,对近期市场进行预测,考察重大投资项目的执行情况,调剂内部资源。同时,总部要对各执行部业绩按营业利润的大小作出排序,并与其营业利润的预算值和上年同期值作比较,其主要目的是考察各执行部门的预算完成情况和其自身的市场地位变化。

汉斯公司的财务控制制度具有以下两个特点:

第一,实现了集权与分权的巧妙结合,散而不乱,统而不死。各工厂直接面对客户,能够迅速地根据当地市场变化作出经营调整;作为利润中心,其决策权相对独立,避免了集权形式下信息在企业内部传递可能给企业带来的决策延误,分权经营具有反应的适时性和灵活性。公司通过预算审批、内部报告管理和协调会,使得各工厂的经营处于公司总部的控制之下,相互间可以共享资源、协调行动,以发挥企业整体的竞争优势。其中,执行部起到了承上启下的作用,它处理了一国境内各工厂的大部分相关事务,加快了问题的解决,减轻了公司总部的工作负担;同时,相对于公司总部来说,它对于各工厂的情况更了解,又只需掌握一国的市场情况与政策法规,因而决策更有针对性,实施更快捷。另外,协调会对防止预算的僵化、提高公司的反应灵活性也起到了关键性作用。

第二,内部报告的内容突破了传统财务会计数据的范围,将财务指标和业务指标有机地结合起来。在顾客利润分析报告中,引入了产品类型、按时交货率、产品质量评级等反映顾客需要及满意程度的非财务指标;在费用报告中也加入了偏离分析、改进措施及相应意见等内部程序和业务测评要素。这使得各工厂在追求利润目标的同时要兼顾顾客需要(服务的时效、质量)和内部组织运行等业务目标;既防止了短期行为,又提高了企业的综合竞争力。财务指标离开了业务基础将只是数字的抽象,并且可能对工厂行为产生误导;只有将两者有机地结合起来,才能真正发挥财务指标应有的作用。

实践证明,汉斯公司的财务控制制度是切实有效的。其下属工厂在各自所处的商业中心城市的包装品市场上均占有较大的份额,公司的销售收入和利润呈现稳定增长的态势。公司总部也从繁琐的日常管理中解脱出来,主要从事战略决策、公共关系、内部资源协调、重大筹资投资等工作,公司内部的资源在科学的调配下发挥了最大的潜能。

二、理论知识链接

(一)财务控制

财务控制是指对企业财务活动的控制,是按照一定的程序和方式确保企业及其内部机构和人员全面落实、实现对企业资金的取得、投放、使用和分配过程的控制。财务控制与财务预测、决策、预算和分析等活动共同构成了财务管理的循环,对实现财务管理目标具有一定的保障作用。企业为了实行有效的内部协调与控制,通常按照统一领导、分级管理的原则划分各责任中心,责任中心在一定的管理权限内,承担相应的经济责任。责任中心一般划分为成本中心、利润中心和投资中心三大类。

1. 成本中心

成本中心是指对成本或费用承担责任的责任中心。由于成本中心无收入来源,因此不对收入、利润和投资效果负责。成本中心通常包括产品生产部门、劳务供应部门和管理部门。成本中心的类型有两种:标准成本中心和费用中心。

成本中心具有以下特征:

(1)只考核成本费用而不考核收益。

(2)只对可控性成本负责。

(3)成本中心控制和考核的是责任成本。

成本中心的考核指标主要为相对指标和比较指标,包括成本变动额和成本变动率。

2. 利润中心

利润中心是指对利润负责的责任中心。由于利润是收入扣减费用后的余额,所以利润中心既要对收入负责,又要对成本费用负责。这类责任中心通常是指有产品或劳务经营权的企业内部部门。利润中心的类型有两种:自然利润中心与人为利润中心。

利润中心的考核,必然要考核和计量成本,利润中心的成本计算通常有两种方式可供选择:

(1)利润中心只计算可控成本,不分担不可控成本和共同成本,考核指标通常用利润中心贡献毛益总额来衡量。

(2)利润中心既计算可控成本,也计算共同成本和不可控成本,考核指标通常用公司利润总额来衡量。

3. 投资中心

投资中心是对投资负责的责任中心。该中心既要对成本和利润负责,又要对投资效果负责。由于投资的目的是获取利润,因而投资中心也是利润中心。它与利润中心的主要区别在于:利润中心没有投资决策权,而投资中心拥有投资决策权,并能够相对独立地运用其所掌握的资金,有权处置和购置固定资产,扩大或缩小生产规模。大型集团公司下面的分公司和子公司往往都是投资中心。

投资中心的考核指标主要是投资利润率和剩余收益。

(二)责任结算与核算

各责任中心在内部往来时往往会发生责、权、利纠纷,因此应该加强内部责任结算和核算。内部转移价格是指企业内部各责任中心之间转移中间产品或相互提供劳务而发生内部结算和进行内部结转所使用的计价标准。内部转移价格通常包括市场价格、协商价格、双重价格和成本加成四种。

三、实训项目要求

❀要求一:通过上述资料分析,汉斯公司在财务控制制度的实施过程中,需要注意哪几方面的问题?

☆_____

✿要求二:汉斯公司的财务控制制度给我们带来了什么启示?

☆_____
_____

四、案例分析及要点提示

只要分权就会存在相应的控制问题。汉斯公司的财务控制制度适用于下级单位可作为利润中心的集团公司。对于下级单位不能作为利润中心的,采用该项制度则须在建立预算和业绩评价标准时明确各下级单位作为责任中心的权利与职责,其内部报告的内容也需作相应的调整。

在财务控制制度的实施中,需要注意以下两个问题:

(1)内部报告的数据应当真实可靠。内部报告作为企业内部财务控制的主要手段,应服务于企业的经营管理决策,其数据取得和确认的口径可以与一般意义上的财务数据不同。内部报告的数据虽然不对外报送,仍须严肃对待,否则将会使企业财务控制流于形式,起不到相应的作用。

(2)协调会的决策应基于内部报告和企业战略目标作出。如果内部资源的分配不是基于以上标准而是根据各分公司经理的谈判能力来作出,则即使内部报告真实可靠也不能完全达成企业财务控制的目标。当然,各分公司之间的协调是必要的,这有助于理顺企业内部关系,发挥组织的协同效应,但不能因此而取消财务控制制度在绝大多数情况下的权威性,否则制度将形同虚设。

汉斯公司的财务控制制度,也给我们带来了如下的启示:

第一,企业内部报告的形式与内容,与企业内部组织和管理结构密切相关。分散经营条件下根据计量各下属单位产出的难易程度及赋予其管理人员决策权的大小,可将企业内部组织划分为成本中心、收入中心、投资中心和利润中心等。在适用汉斯公司的财务控制制度时,其内部报告的内容,将不仅仅是针对成本中心的标准成本与实际成本的比较或是针对收入中心的销售收入及边际贡献等简单形式,而是如前文所述的复杂形式。从企业风险和收益的主要来源看,可将利润中心分为产品事业部和地区事业部两种,其内部报告的呈报基础也有所不同,汉斯公司采用的是地区事业部的呈报基础。另外,如果公司的业务量并不很大或已建立了内部计算机网络,则可以撤销执行部,实行总部—工厂的直接管理,使公司结构更加扁平化,能够更灵活迅速地对市场变化作出反应。

第二,财务控制只完成了企业内部控制操作层面的任务,还应与企业战略性控制相结合。财务控制为企业控制提供了基本的信息资料。它以利润为目标,关心成本收益等短期可量度的财务信息,可按照固定的程序相对稳定地进行,但有时可能会因过于注重财务结果而鼓励短期行为。这时要结合企业的长期生存发展目标,综合考虑企业内外部环境,兼容长短期目标,实施战略性控制,以加强组织和业务的灵活性,保持企业的市场竞争力。"综合记分卡"将顾客满意度、内部程序及组织的学习和提高能力三套绩效测评指标补充到财务测评指标中,为财务控制从操作性控制向综合控制的方向发展提供了有益的帮助。

第四节 技能实训

一、实训目的

开展实践调查活动,使学生了解财务预算与控制的特点、作用及在企业管理中的重要位置,明确企业财务管理的目标和基本环节,增强学生对财务管理的感性认识,激发学生的学习兴趣和热情,为今后财务管理课程的学习和职场人生奠定基础。

二、实训内容

结合本章所学内容,联系当地一家企业,对其财务预算体系以及企业内部财务控制制度认真学习,形成书面材料,以小组形式做成PPT在班级公开汇报。

三、实训要求

(1)对学生进行分组,指定小组负责人联系合作单位或学生合理利用社会关系自主联系实践单位。

(2)根据本实训教学的目的,拟定调查题目,列出调查提纲,指定调查表格。

(3)实地调查和采访时要注意自己的形象,能准确流利地表达自己的目的和愿望,以便得到对方的配合。

(4)对调查采访资料进行整理和总结,写出一份调查报告(1 500字左右),做成PPT在班级公开汇报。

第八章 Chapter 8

财务分析与评价实训

【本章实训要点】

通过本章学习,要求掌握财务分析的概念、财务指标的计算及应用;理解财务分析的局限性。掌握上市公司财务分析的方法与指标;了解企业综合绩效分析与评价的方法。

【实训目的和要求】

通过引导案例训练,使学生对财务分析工作有一个初步的认知,理解财务分析工作的重要作用;通过对基本理论知识的练习,使学生了解财务分析相关概念、内容、方法和财务指标;能够借助实训案例,在教师的指导下,独立思考和分析所给案例资料,再结合有关财务分析理论,通过对案例的整理与分析,进行财务分析与评价,同时能够站在不同利益主体的角度利用分析数据作出相关决策。

【财务分析与评价知识体系】

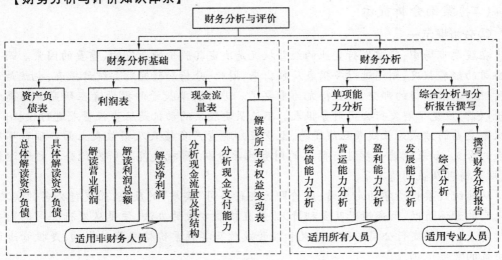

图 8.1 财务分析与评价知识体系

第一节 导入案例训练

【案例一】
鼎锋王小刚：投资股票一定要关注企业持续的高成长

（一）案例资料

鼎锋资产合伙人、基金经理王小刚发表题为《绝对之收益 专注于成长》的演讲。他指出，绝对收益是投资目标，是以赚钱为目的，专注于成长是投资的一个途径，就是主要通过成长股来获利。对于个股选择标的，王小刚表示三个标准有助于投资者选择。首先，选择行业，增长速度在20%以上，符合社会发展的朝阳行业；其次，如果行业增长速度高，龙头公司增长速度相对来讲会更高，在20%增长的行业里面，才可能找到利润增长在50%以上的股票；第三就是管理层，要求相对来讲是可靠诚信的管理团队。

他表示，做成长投资最大的风险就是碰到伪成长，十个标的七八个都是利润不达预期的，这类公司风险非常大。针对如何鉴别伪成长，他认为，首先，不要去选择那种周期性的行业，相对来讲，周期性行业概念性相对强一些，技术也特别复杂，这类公司风险非常大。第二个是管理层，管理层不诚信的公司就不要花时间研究了，还有一块就是公司本身竞争力比较差。巴菲特也有一个总结，就是始终是寻找业务清晰易懂，行业相对来讲比较简单，业绩持续优异，由能力非凡并且为股东着想的管理层来经营的公司。

最后，他用彼得林奇的一句话结束了演讲：想赚钱的最好方法就是把钱投入一家成长中的公司，这家公司近几年内一直出现盈利，而且将不断成长。

思考问题：①投资者为什么要进行财务分析？
②你认为财务分析的方法有哪些？
课堂讨论：财务分析有何局限性？

（二）案例分析提示

☺ **分析提示一**

在股票市场中，股票发行企业的经营状况是决定其股价的长期的、重要的因素。而上市公司的经营状况，则通过财务报表反映出来，因此，分析和研究财务统计报表，也就是通常所说的基本分析的部分，就显得尤为重要了。进行股票投资的投资者在研究如何衡量股价以前，应先了解发行公司财务报表。不论买卖股票的动机是从事投资或进行投机；不论从事交易的方式为长线或短线交易，至少应知晓资产负债表及损益表上面各项数字所代表的含义，如果能进一步进行简单的财务比率分析，那就更能了解发行公司的营运情况、财务情况及盈利情况了。

从传统股票投资学的定义看，股价即为发行公司"实质"的反映，而发行公司的实质，就是它的营运情况、财务情况及盈利情况，最直接最方便的办法，便是从发行公司的财务分析着手。了解发行公司的财务状况和经营成效及其股票价格涨落的影响，是投资者进行决策的重要依据。

股票投资的财务分析，就是投资者通过对股份公司的财务报表进行分析和解释，来了解该公司的财务情况、经营成果,进而了解财务报告中各项的变动对股票价格的有利和不利影响,最终作出投资某一股票是否有利和安全的准确判断。因此,一般认为,财务分析是基本分析的一项重要组成部分。

☺分析提示二

财务分析方法很多,财务分析的对象是财务报表,财务报表主要包括资产负债表、利润表、现金流量表、所有者权益变动表。从这四种表中应着重分析以下四项主要内容:

1.公司的获利能力

公司利润的高低、利润额的增长速度是其有无活力、管理效能优劣的标志。作为投资者,购买股票时,当然首先是考虑选择利润丰厚的公司进行投资。所以,分析财务报表,先要着重分析公司当期投入资本的收益性。

2.公司的偿还能力

公司的偿还能力具体从两个方面进行分析:一是分析其短期偿债能力,看其有无能力偿还到期债务,这一点须从分析、检查公司资金流动状况来判断;二是分析其长期偿债能力的强弱。这一点是通过分析财务报表中不同权益项目之间的关系、权益与收益之间的关系,以及权益与资产之间的关系来进行检测的。

3.公司扩展经营的能力

公司扩展经营的能力即进行成长性分析,这是投资者选购股票进行长期投资最为关注的重要问题。

4.公司的经营效率

公司的经营效率主要是分析财务报表中各项资金周转速度的快慢,以检测股票发行公司各项资金的利用效果和经营效率。

总之,分析财务报表主要的目的是分析公司的收益性、安全性、成长性和周转性四个方面的内容。

财务分析存在局限性:财务分析指标的局限性,包括财务指标体系不严密;财务指标所反映的情况具有相对性;财务指标的评价标准不统一;财务指标的计算口径不一致。

财务分析方法的局限性:对于比较分析法来说,在实际操作时,比较的双方必须具备可比性才有意义。对于比率分析法来说,针对单个指标进行分析,综合程度较低,在某些情况下无法得出令人满意的结论;比率指标的计算一般都是建立在以历史数据为基础的财务报表之上的,这使比率指标提供的信息与决策之间的相关性大打折扣。对于因素分析法来说,在计算各因素对综合经济指标的影响额时,主观假定各因素的变化顺序而且规定每次只有一个因素发生变化,这些假定往往与事实不符。

【案例二】

"薄利多销"创造利润

(一)案例资料

一些看似微不足道的小生意,往往蕴含着商业世界最大的真理。

台湾宏基电脑董事长施振荣在少年时代,曾经帮着母亲卖鸭蛋和文具。鸭蛋3元1斤,只能赚3角,只有10%的利润,而且容易变质,没有及时卖出就会坏掉,造成经济上的损失;文具的利润高,做10元的生意至少可以赚4元,利润超过40%,而且文具摆着不会坏。看起来卖文具比卖鸭蛋赚钱。

但事实上,施振荣后来讲述经验说,卖鸭蛋远比卖文具赚得多。鸭蛋虽然利润薄,但最多两天就周转一次;文具虽然利润高,但有时半年甚至一年都卖不掉,不但积压成本,利润更早被利息腐蚀一空。鸭蛋薄利多销,所以利润远远大于周转慢的文具。施振荣后来将卖鸭蛋的经验运用到宏碁,建立了"薄利多销模式",即产品售价定得比同行低,虽然利润低,但客户量增加,资金周转快,库存少,经营成本大为降低,实际获利大于同行。

施振荣母子卖鸭蛋的门道,背后有着商业的一个普遍定理:资产收益率=利润率×周转率。少年施振荣的商业才智就体现在,他能够同时考虑利润率和周转率。

※课堂讨论:如何通过财务指标分析寻找企业利润的决定因素?

(二)案例分析提示

☺分析提示

财务分析工具乃是各种财务数据的比率。不同的比率,可方便地分析公司的财务状况。根据各自的分析目的,可构造各种财务比率。因此,财务比率数量繁多,按其分析性质可粗略归纳为四类:流动性比率、财务结构比率、周转性比率和获利性比率。

(1)流动性比率。这类比率主要用来分析公司偿付短期债务的能力。流动性比率高表示公司短期偿债能力强;反之,则弱。但若这类比率过高,会造成流动资产浪费。这类比率中最常用的就是流动比率和速动比率。

(2)财务结构比率。这类比率主要用来分析公司偿付长期债务的能力。财务结构比率高表示公司长期偿债能力强,反之,则弱。但若这类比率过高,会造成资金投资浪费。这类比率中较常用的为自有资本率、净值与负债比率、净值与固定资产比率、固定资产与长期负债率。

(3)周转性比率。这类比率主要用来分析公司财务的周转能力。一般来说,周转率应高一些,而周转一周所需时日应少一些,表明公司财务资金周转快,资本运用效率高。这类比率中较常用的有净资产周转率、应收账款周转率、存货周转率和总资产周转率。

(4)获利性比率。这类比率主要用于分析公司的获利能力和营运效率。获利性比率高说明公司的获利能力强,营运效率好;反之,则获利能力弱,营运效率差。这类比率中较常用的为营业额获利率和投资额报酬率。

在上述的财务比率中,流动性比率和财务结构比率可由资产负债表中的数据算得,而周转性比率和获利性比率则由利润表中的数据算得。

第二节 基础知识练习

一、单项选择题

1.属于综合财务分析法的有   (   )
   A.比率分析法   B.比较分析法

C. 杜邦分析法 　　　　　　　　　　　D. 趋势分析法
2. 可用于企业财务状况趋势分析的方法为 （　　）
　A. 比较分析法　　　　　　　　　　　B. 比率分析法
　C. 财务比率综合分析法　　　　　　　D. 杜邦分析法
3. 下列财务比率中,可以反映企业偿债能力的是 （　　）
　A. 平均收款期　　　　　　　　　　　B. 销售利润率
　C. 权益乘数　　　　　　　　　　　　D. 应收账款周转率
4. 在计算速动比率时,要从流动资产中扣除存货部分,再除以流动负债。这样做的原因在于流动资产中 （　　）
　A. 存货的价值变动较大　　　　　　　B. 存货的质量难以保证
　C. 存货的变现能力最低　　　　　　　D. 存货的数量不易确定
5. 一般而言,短期偿债能力与下列哪个项目关系不大 （　　）
　A. 资产变现能力　　　　　　　　　　B. 企业再融资能力
　C. 企业获利能力　　　　　　　　　　D. 企业流动负债
6. 某企业 2010 年流动资产平均余额为 1 000 万元,流动资产周转次数 7 次。若企业当年销售利润为 210 万元,则销售利润率为 （　　）
　A. 30%　　　　　　　　　　　　　　B. 50%
　C. 40%　　　　　　　　　　　　　　D. 15%
7. 某公司流动比率为 2,将引起流动比率下降的经济业务是 （　　）
　A. 收到股利　　　　　　　　　　　　B. 借入短期借款
　C. 用现金偿还应付账款　　　　　　　D. 销售商品取得收入
8. 如果营运资金大于 0,则以下结论正确的有 （　　）
　A. 速动比率等于 0　　　　　　　　　B. 现金比率大于 1
　C. 流动比率大于 1　　　　　　　　　D. 短期偿债能力绝对有保障

二、多项选择题

1. 分析企业营运能力的指标有 （　　）
　A. 存货周转率　　　　　　　　　　　B. 流动资产周转率
　C. 速动比率　　　　　　　　　　　　D. 资产净利润率
2. 应收账款的周转率越高,则 （　　）
　A. 应收账款收回越迅速　　　　　　　B. 应收账款周转天数越短
　C. 资产流动性越强　　　　　　　　　D. 短期偿债能力越强
3. 由杜邦分析体系可知,提高资产净利润率的途径可以有 （　　）
　A. 加强负债管理,提高资产负债率
　B. 增加资产流动性,提高流动比率
　C. 加强销售管理,提高销售利润率
　D. 加强资产管理,提高资产利润率
4. 应收账款周转率有时不能说明应收账款正常收回时间的长短是由于 （　　）

A. 销售的季节性变动很大　　　　　　B. 大量使用现销而非赊销
C. 大量使用赊销而非现销　　　　　　D. 年底前大力促销和收缩商业信用

5. 下列经济业务不会影响股份公司每股净资产的有　　　　　　　　　（　　）
A. 以固定资产的账面价值对外进行投资　　B. 发行普通股
C. 支付现金股利　　　　　　　　　　D. 用资本公积转增资本

6. 下列各项中，可能直接影响企业净资产收益率指标的措施有　　　　（　　）
A. 提高销售净利润率　　　　　　　　B. 提高资产负债率
C. 提高资产周转率　　　　　　　　　D. 提高流动比率

7. 影响企业的长期偿债能力的其他因素包括　　　　　　　　　　　　（　　）
A. 担保责任　　　　　　　　　　　　B. 可动用的银行贷款指标
C. 经营租赁　　　　　　　　　　　　D. 或有项目

8. 影响资本保值增值的因素有　　　　　　　　　　　　　　　　　　（　　）
A. 负债额的变动　　　　　　　　　　B. 经营盈亏
C. 股利支付情况　　　　　　　　　　D. 资本结构的变动

三、判断题

1. 资产负债率越高，产权比率越低。　　　　　　　　　　　　　　　（　　）
2. 总资产利润率是反映企业获利能力的核心指标。　　　　　　　　　（　　）
3. 货币资金属于非收益性流动资产，持有量过多会降低企业的获利能力。（　　）
4. 财务分析的基础是资产负债表和损益表。　　　　　　　　　　　　（　　）
5. 股东权益比率与资产负债率之和应为1。　　　　　　　　　　　　（　　）
6. 每股收益越高，意味着股东可以从公司分得越多的股利。　　　　　（　　）
7. 计算已获利息倍数时的利息费用，指的是计入财务费用的各项利息。（　　）
8. 市盈率越高的股票，其投资的风险也会越大。　　　　　　　　　　（　　）
9. 存货周转率越高，未必就说明存货管理得好。　　　　　　　　　　（　　）
10. 某企业年末速动比率为0.5，则该企业可能仍具有短期偿期能力。（　　）

四、计算题

1. 某企业年末流动负债60万元，速动比率2.5，流动比率3.0，销货成本81万元。已知年初和年末的存货相同。要求：计算存货周转率。A公司2011年的财务数据见表8.1。

表8.1　A公司2011年主要财务数据

收入	2 000万元
净利润	180万元
现金股利	54万元
普通股股数	100万元
年末资产总额	2 000万元
年末权益乘数	5

假设该公司股票属于固定成长股票,股利增长率为5%,负债平均利率为10%,所得税税率为40%。

要求:根据该公司的实际情况,计算以下财务分析指标:

(1)计算 2011 年的每股利润、每股净资产和利息保障倍数。

(2)2011 年的总资产周转率、总资产报酬率(涉及资产负债表数据均用年末数计算,年初资产总额为 2 000 万元)。

3. 某企业期末资产负债表简略形式见表 8.2。

表 8.2 资产负债表

资 产	期末数	负债与权益	期末数
货币资金	25 000	应付账款	
应收账款净额		应交税金	25 000
存货		长期负债	
固定资产净值	294 000	实收资本	300 000
		未分配利润	
总 计	432 000	总 计	

已知:①期末流动比率=1.5;②期末权益乘数=1.8

③本期存货周转率=4.3 次;④本期销售成本为 315 000 元

⑤期初存货=期末存货

要求:分别计算期初、期末存货数,应收账款净额,应付账款,长期负债数和未分配利润。

4. 从某公司 2003 年的财务报表可以获得以下信息:2003 年资产总额期初值、期末值分别为 240 万元、256 万元,负债总额期初值、期末值分别为 98 万元、128 万元,2003 年度实现销售收入 10 000 万元,净利润为 600 万元。

要求:分别计算销售净利率、资产周转率、权益乘数和净资产收益率。

五、互动环节

1. 国雅公司部分财务比率见表 8.3。

表 8.3 国雅公司主要财务比率表

月份 指标	1	2	3	4	5	6	7	8	9	10	11	12	月平均
流动比率	2.2	2.3	2.4	2.2	2	1.9	1.8	1.9	2	2.1	2.2	2.2	2.1
速动比率	0.7	0.8	0.9	1	1.1	1.2	1.2	1.2	1.1	1	0.9	0.8	0.98
资产负债率/%	52	55	60	55	53	50	42	45	46	48	50	52	51
资产净利率/%	4	6	8	13	15	16	18	16	10	6	4	2	10
销售净利率/%	7	8	8	9	10	11	12	11	10	9	8	7	9

互动环节一: 该企业生产经营有什么特点?

✧ _____

_____

☺ **分析提示：**
　　该公司流动比率和速动比率月平均为 2.1 和 0.98，说明该公司资金周转灵活，资产流动性好，生产经营效率高。流动比率和速动比率的不同是由存货引起的。该公司产品销售季节性强，第 2、3 季为旺季，第 1、4 季为淡季。为迎接旺季来临，淡季里提前几个月就开始生产创造了大批存货。资产净利率的大幅波动和相对稳定的销售净利率说明淡季资产周转率低，生产规模变小，或者有闲置资产。

　　互动环节二：流动比率与速动比率的变动趋势为什么会产生差异？怎样消除这种差异？
　　☆＿＿＿＿＿＿＿＿＿＿＿＿＿＿＿＿＿＿＿＿＿＿＿＿＿＿＿＿＿＿＿＿＿＿
＿＿＿＿＿＿＿＿＿＿＿＿＿＿＿＿＿＿＿＿＿＿＿＿＿＿＿＿＿＿＿＿＿＿＿＿

☺ **分析提示：**
　　流动比率与速动比率变动趋势产生的差异，主要是受存货影响。该公司产品销售季节性比较明显，夏季销量上升，库存减少，冬季库存增加。为应付销售高峰的来临，该公司于淡季增加库存，所以该公司的流动比率与速动比率的变动趋势才会产生差异。结论：旺季速动比率高，淡季流动比率高。

　　互动环节三：资产负债率的变动说明了什么问题？3 月份资产负债率最高说明什么问题？
　　☆＿＿＿＿＿＿＿＿＿＿＿＿＿＿＿＿＿＿＿＿＿＿＿＿＿＿＿＿＿＿＿＿＿＿
＿＿＿＿＿＿＿＿＿＿＿＿＿＿＿＿＿＿＿＿＿＿＿＿＿＿＿＿＿＿＿＿＿＿＿＿

☺ **分析提示：**
　　资产负债率的这种变动说明该公司债务总额和资产总额相对来说是不断变化的，特别是流动资产和流动负债的变化。流动资产一般包括现金、有价证券、应收账款、存货及预付款等。流动负债主要包括短期借款、应付票据和应付账款等。这些项目在一年内不断变化，流动资产和流动负债变化的比例不同，所以资产负债率也不断变动。3 月份流动比率最高，说明此时存货也最多，公司销售不利，应收账款增多。存货占压了公司大量的流动资金，负债增多，短期借款和应付账款增多，所以该公司 3 月份资产负债率最高。

　　互动环节四：资产净利率与销售净利率的变动程度为什么不一致？
　　☆＿＿＿＿＿＿＿＿＿＿＿＿＿＿＿＿＿＿＿＿＿＿＿＿＿＿＿＿＿＿＿＿＿＿
＿＿＿＿＿＿＿＿＿＿＿＿＿＿＿＿＿＿＿＿＿＿＿＿＿＿＿＿＿＿＿＿＿＿＿＿

☺ **分析提示：**
　　全年中资产净利率波动幅度很大，最低(12 月)2%，最高(7 月)18%，4、5、6、7、8 月份资产净利率相对高出其他月份很多；全年的销售净利率波动幅度相对不大，相差仅 5 个百分点，最低(1、12 月份)7%，最高(7 月)12%。原因分析：总体来讲，二者变动趋势相同，反映了企业的获利能力旺季高，淡季低。
　　资产净利率不仅与销售净利率有关，而且与资产周转率有关，二者相互依赖。由于该公司产品具有比较明显的季节性，旺季时(夏季)销售收入大幅增加，资产周转率提高，从而使资产净利率相应提高。而该公司产品的销售利润率受销售季节影响小，虽然销售数量减少，但价格变化不大。

互动环节五:该企业筹资、投资应注意什么问题?

☆_____

😊**分析提示**:东方公司全年各月的流动比率平均为2.1,速动比率平均是0.98,说明该公司财务比较稳健,也暴露出一定的问题,由于该公司产品销售旺季时资产净利率和销售净利率很高,所以可适当增加负债比例,充分发挥财务杠杆的作用。

公司应采取的筹资方式:该公司生产经营性质为周期性的,所以应该依靠短期融资来解决生产高峰期间资金短缺问题。银行短期借款相对来讲成本较低,所以应该以银行短期借款为主要筹资渠道。假设公司不能从银行融通到短期资金,则应考虑股权融资,但会稀释每股净收益。当然,也可以向银行申请长期资金贷款,增加固定资产投资,于旺季时扩大生产规模,赚取更多收益。

公司在投资方面要注意的问题:在投资项目的选择上,注意投资品种结构问题以及多元化问题,同时要注意新产品的季节性差异,最好与现有产品形成季节性互补,以弥补本产品淡季资产周转率低的不足和资产净利率低的问题。产品多元化也有利于降低单一产品的现金流风险。投资收益问题:要注意投资收益是否有对应的现金流入以及收益的实现状况。

2. ZX公司应收账款周转率计算表(表8.4)

表8.4 应收账款周转率计算表

项 目	2012年	2011年
营业收入	16 623.43	15 449.48
期初应收账款	958.04	613.15
期末应收账款	1 012.35	958.04
平均应收账款	985.19	785.59
应收账款周转率	16.87	19.67
应收账款周转天数	21.34	18.31

互动环节一:应收账款周转率是如何计算的,两年相比应收账款周转率变化如何?

☆_____

😊**分析提示**:应收账款周转率是企业一定时期(通常是一年)营业收入与应收账款平均余额的比率。应收账款周转率是衡量应收账款流动程度和管理效率的指标。

其计算公式为

应收账款周转率=营业收入/应收账款平均余额

应收账款平均余额=(期初应收账款+期末应收账款)/2

应收账款周转天数=360/应收账款周转率

应收账款周转率反映了企业应收账款变现速度的快慢及管理效率的高低。应收账款周转率高表明:①企业收账迅速,账龄期限相对较短,可以减少收账费用和坏账损失,从而相对增加企业流动资产的投资收益;②资产流动性大,短期偿债能力强;③借助应收账款周转天数与企业信用期限的比较,可以更好地评价客户的信用程度及企业原定信用条件的合理性。

互动环节二：应收账款周转率的影响因素及评价方法。

☆_____

☺**分析提示**：企业的获利能力、偿债能力与应收账款的回收情况有直接的关系。如果企业的账款回收期延长，说明企业的获利能力和偿债能力都降低。

◇ 企业信用政策过宽
◇ 收账不力
◇ 坏账过多

分析时，应将应收账款回收期与利润相联系，如果应收账款的回收期延长而利润却没有增长，有以下两方面的原因：

◇ 企业产品的竞争力下降
◇ 顾客产生支付困难

如账款回收期缩短，说明企业的获利能力和偿债能力都有所提高。

◇ 加强了应收账款的管理
◇ 企业借助于金融机构进行了短期融资

评价方法：

财务报表的外部使用人可以将计算出的指标与该企业前期指标、行业平均水平或其他类似企业的指标相比较；运用这一指标时，应结合企业的信用政策。

第三节 锋励公司财务分析案例分析

一、财务分析案例分析

锋励公司为钢铁制品公司，具有30多年的生产历史，产品远销国内外市场。但是，近5年中，国外同类产品不断冲击国内市场，由于进口产品价格较低，国内市场对他们的消费持续增长；国外制造商凭借较低的劳动力成本和技术上先进的设备，其产品的成本也较低。同时，市场上越来越多的日用制品都采用了铝、塑料等替代性材料，锋励公司前景并不乐观。对此，公司想通过一项更新设备计划来增强自身的竞争力，拟投资400万元的新设备。投产后，产量将提高，产品质量将得到进一步改善，降低了产品单位成本。公司2012年有关财务资料见表8.5。

表 8.5　锋励公司利润表
2012 年　　　　　　　　　　　　　　　　　　　　　　　单位:千元

项　目	金　额
销售收入	507 000
减:销售成本	3 704 000
毛利	1 371 000
减:销售费用	650 000
管理费用	416 000
折旧费用	152 000
营业费用合计	1 218 000
营业利润	153 000
减:利息费用	93 000
税前净利润	60 000
减:所得税(40%)	24 000
税后净利润	36 000

表 8.6　锋励公司资产负债表
2012 年 12 月 31 日　　　　　　　　　　　　　　　　　单位:千元

资　产	年初数	年末数	负债和所有者权益	年初数	年末数
			流动负债:		
流动资产:			应付票据	370 000	311 000
货币资金	24 100	25 000	应付账款	400 500	230 000
应收账款	763 900	805 556	预提费用	100 902	75 000
存货	763 445	700 625	长期负债	700 000	1 165 250
流动资产合计	1 551 445	1 531 181	负债合计	1 571 402	1 781 250
固定资产			所有者权益		
固定资产原价	1 691 707	2 093 819	股本	150 000	150 000
减:累计折旧	348 000	500 000	资本公积	193 750	193 750
固定资产净值	1 343 707	1 593 819	留存收益	980 000	1 000 000
			所有者权益合计	1 323 750	1 343 750
资产总计	2 895 152	3 125 000	负债和所有者权益	2 895 152	3 125 000

表 8.7　锋励公司历史财务比率

财务比率	年份		
	2010 年	2011 年	2012 年
流动比率	1.7	1.8	1.5
速动比率	1.0	0.9	1.2
存货周转次数	5.2	5.0	10.2
平均收账期	50	55	46
资产负债率	45.8%	54.3%	24.5%
赚取利息倍数	2.2	1.9	2.5
毛利率	27.5%	28%	26%
净利率	1.1%	1.0%	1.2%
投资报酬率	1.7%	1.5%	2.4%
权益报酬率	3.1%	3.3%	3.2%

二、理论知识链接

（一）财务分析的重要性

财务分析在企业财务管理中起着重要的作用。财务分析是评价企业经营业绩及财务状况的重要依据，通过企业财务状况分析，可了解企业现金流量状况、营运能力、盈利能力和偿债能力，利于管理者及其相关人员客观评价经营者的经营业绩和财务状况，通过分析比较将可能影响经营成果和财务状况的微观因素和宏观因素、主观因素和客观因素加以区分，划清责任界限，客观评价经营者的业绩，促使经营管理者的管理水平得到提高。财务分析是为债权人、投资者提供正确信息以实施决策的工具。企业的投资者可通过财务分析，了解企业获利和偿债能力，预测投资后的风险程度及收益水平，从而作出正确决策。为企业内部管理人员了解经营情况及方向、挖掘潜力找出薄弱环节提供依据，为了提高经济效益、加强管理提供可靠资料，企业的管理人员通过对其成本利润的情况的了解，及时发现企业存在的问题，进而采取应对措施，改善其经营管理模式，使企业经济效益提高。

（二）财务分析的局限性

财务分析也存在着一定的局限性。首先，财务报表本身的局限性表现如下：以历史成本报告资产，不代表其现行成本或变现价值；假设币值不变，不按通货膨胀或物价水平调整；稳健准则要求预计损失而不预计收益，有可能夸大费用，少计收益和资产；按年度分期报告，只报告了短期信息，不能提供反映长期潜力的信息。其次，报表真实性的问题。只有根据真实的财务报表，才有可能得出正确的分析结论。财务分析通常假设报表是真实的。报表的真实性问题，要靠审计来解决。然后，企业会计政策的不同选择影响可比性。最后，比较基础问题。在比较分析时，必须要选择比较的基础，作为评价本企业当期实际数据的参照标准，包括本企业历史数据、同业数据和计划预算数据。

那么如何将财务分析进行改进，下面便是改进措施。首先，提高财务分析依据资料的质量：①拓展财务报告披露的信息。②提高财会报告时效性，缩短财务报告周期。③加强会计信息披露监管机制。其次，努力完善健全财务指标体系。改进现有财务分析的方法。要针对财务指标存在的不足和缺陷，进一步健全财务指标体系，针对各行业间不同特点，可对不同行业建立不同指标体系，除了要有财务指标，还要有非财务指标。而且针对该指标体系要有与其相适应的分析方法，可适当引入数学分析的方法，来解决目前分析方法简单的弊端，提高分析的效果。最后，进一步加强财务人员专业素质。财务资料日益繁复，分析技术不断提高，要进一步提高财务分析人员的素质。要提高财务人员队伍的业务素质，要求财务分析人员具备专业财务知识的同时，还要掌握其他不同行业的专业知识，有助于提高财务分析的效果；要提高财务队伍的道德素质水平，确保财务分析人员在工作中公正和客观的立场；加强财务分析人员的监督监管，保证财务分析结果公正和客观。

三、实训项目要求

✿ 要求一：计算2012年各项财务比率。

☆_____

✿要求二:进行横向与纵向比较分析公司总体财务状况,对公司的偿债能力、盈利能力、营运能力和发展能力分别进行分析。

☆_____

✿要求三:对公司更新设备的决策进行评价,它给公司带来何种影响,你认为应该采用何种筹资方式?

☆_____

第四节 技能实训

一、实训目的

开展实践调查活动,使学生了解财务分析的特点、作用及在企业财务管理中的重要位置,明确企业财务分析的目的和基本方法,激发学生对企业进行财务分析的兴趣,为今后财务分析理论的学习和就业奠定基础。

二、实训内容

结合本章所学内容,选取一家上市公司,对其财务报告进行综合分析,评价其偿债能力、营运能力、盈利能力和发展能力。形成书面材料,做成PPT在班级公开汇报,其他同学组成答辩小组公开答辩。

三、实训要求

(1)对学生进行分组,指定小组负责人联系合作单位或学生合理利用社会关系自主联系实践单位。

(2)根据本实训教学的目的,拟定调查题目,列出调查提纲,指定调查表格。

(3)实地调查和采访时要注意自己的形象,能准确流利地表达自己的目的和愿望,以便得到对方的配合。

(4)对调查采访资料进行整理和总结,写出一份调查报告(1 000字左右),做成PPT在班级公开汇报。

第九章
Chapter 9

收益分配管理实训

【本章实训要点】

通过本章的学习,了解利润分配的基本原则和顺序,理解影响股利政策的因素和股利支付的方式,在熟练掌握各种基本的股利政策要点的基础上,灵活制定适宜的股利政策,理解股票的分割与回购的相关概念。

【实训目的和要求】

通过收益分配的实训,使学生比较系统地掌握收益分配的基本原则和分配顺序;充分了解影响股利分配的各因素及熟悉股利政策的选择。能够借助实训案例,在教师的指导下,独立思考和分析所给案例资料,结合有关理论,通过实际案例分析,拓展思维能力,掌握应有的专业知识和技能。

【收益分配管理知识体系】

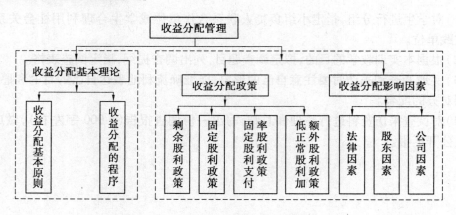

图9.1 收益分配管理知识结构图

第一节 导入案例训练

【案例一】

安吉股份有限公司股利政策选择

（一）案例资料

> 安吉股份有限公司是一家上市公司，成立于 2002 年，2005 年 4 月 3 日在上交所上市。公司主营路桥收费业务，其收入多为现金，支付能力强，公司股东希望每年从该公司获取超过 10% 的分红（该大股东初始投资成本为每股 2.9 元）。
>
> 据有关权威人士透露，政府 2009 年将着手考虑适时调低收费标准，预计将对公司业绩产生重大影响。为了改善经营结构，提高公司盈利能力和抗风险能力，公司拟于 2009 年扩大经营范围，准备投巨资收购银友公司 60% 的股权。公司 2008 年度实现净利润 600 000 000 元，每股收益 0.6 元，年初未分配利润为 100 000 000 元。
>
> 根据以上情况，公司设计了三套收益分配方案。
>
> 方案一：仍维持公司设定的每股 0.3 元的固定股利分配政策。以 2008 年末总股本 10 亿股为基数，据此计算的本次派发现金红利总额为 300 000 000 元。
>
> 方案二：以 2008 年末总股本 10 亿股为基数，按每股 0.1 元向全体股东分配现金红利。据此计算的本次派发的现金红利总额为 100 000 000 元。
>
> 方案三：以 2008 年末总股本 10 亿股为基数，向全体股东每 10 股送 2 股派现金红利 1 元。据此计算的本次共送红股 200 000 000 元，共派发现金红利 100 000 000 元。
>
> ※思考问题：分析上述三套方案的优缺点，并从中选出你认为的最佳分配方案。
>
> ※课堂讨论：制定股利分配政策应考虑哪些因素？

（二）案例分析提示

☺分析提示一

三套方案的优缺点其实质是现金股利和股票股利的优缺点。

☺分析提示二

政府 2009 年将着手调低收费标准和 2009 年准备投巨资收购银友公司 60% 的股权说明：

（1）安吉股份有限公司 2009 年及以后盈利能力下降，巨资收购银友公司情况不明，一般而言，并购产生的效益有滞后现象。结论：2009 年盈利能力下降——现金股利要下调。

（2）安吉股份有限公司 2009 年将大量的现金流出——现金股利也应下调。

☺分析提示三

股利下调尽量不要低于公司股东收益期望（10%），三个方案中方案二不可行。

☺分析提示四

方案一和方案三相比，方案三更符合上述分析。

方案一的主要优点为，对公司而言，有利于维护公司稳健经营。注重回报的市场形象，有利于稳定公司股票价格；对投资者而言，分红达到股东对公司投资回报的预期（10.34%），有利于树立投资者的投资信心，有利于投资者合理安排收入与支出。

方案一的主要缺点为，对公司而言，公司将分出 300 000 000 元现金红利，如果 2009 年政府调低收费标准，公司盈利能力势必下降，从而引发财务风险；同时，为了满足 2009 年度投资需求，公司可能要以相对较高的筹资成本（例如从银行借款）从外部筹集部分资金，进而影响公司当期及今后业绩。对投资者而言，尽管短期收益没有受到影响，但从长远角度看，投资者收益可能受到影响。

【案例二】

宏股集团股利政策选择

（一）案例资料

宏股集团是一家上市公司，自 1996 年以来公司的经营状况和业绩始终处于相对稳定状态，且在收益分配上，每年均发放了一定比例的现金股利（0.2 元/股，0.5 元/股）。2013 年公司受到了市场环境等因素的不利影响，收益水平大幅度下降，公司总资产报酬率从去年的 12% 下降到 4%，而且现金流量也明显趋于恶化。为此，公司于 2014 年初专门召开董事会，对 2013 年公司的股利分配方案进行研究。会上王强董事长和刘平、陈莉、张林三位董事分别作了重点发言。

董事长王强：公司前几年的经营状况和经营业绩始终比较好，因此每年均支付给投资者一定的现金股利，树立了公司在广大投资者面前良好的市场形象，增强了投资者投资本公司股票的信心，促进了企业不断发展壮大。但是去年公司由于受到外部环境等多种因素的影响，经营状况不佳，企业的获利水平下降，而且据推测这种不利局面将可能持续一段时期。另外，虽然 2003 年公司未分配利润达 5 000 万元，但计划全年将拿出其中的 60% 进行投资。因此，2003 年公司的股利分配方案需要各位董事根据目前公司实际进行认真研究讨论，尽快形成预案，交股东大会表决。

刘平：我认为 2013 年公司仍然要分配一定比例的现金股利，其理由在于：第一，公司长期以来一直分配现金股利，且逐年递增，若 2013 年突然停止发放现金股利，难免会引起投资者不满，从而影响公司长期形成的良好的市场形象，而且很有可能进一步恶化公司的理财环境。第二，根据测算，公司若按上年 0.5 元/股的分配水平支付现金股利，约需现金 3 000 万元左右。从公司目前的资产负债率来看，仅有 40%，而本行业平均资产负债率在 60% 左右，因此公司尚有一定的举债空间，而且公司历来举债能力较强，可以通过适当举借来弥补现金流量的不足，所以公司的现金流量不会存在问题。

陈莉：我认为公司 2013 年应暂停支付现金股利而改为分配股票股利，其理由有三：第一，公司 2013 年的经营状况和经营业绩不佳，资产报酬率下降，这本身已使公司的留存收益减少，影响到公司下年度的投资和发展，此时如果再支付相当数量的现金股利，则必然进一步增加公司现金的支付压力，对公司无疑是雪上加霜。第二，尽管公司目前有一定的举债空间和能力，可以通过举债使现金流量问题得到一定程度的缓解，但由于公司在短期内经营状况和收益水平的问题得不到很好的改善，因此，举债只能是权宜之计，不能从根本上减缓公司现金支付压力,同时在公司经营状况不理想的情况下,举债会加大财务杠杆作用,使财务风险增大。第三,暂停支付现金股利而改为分配股票股利不仅能继续维持投资者的投资信心,有利于保持公司的市场形象,而且可以节约现金支出,不增加现金支付的压力。

张林:我同意陈莉提出的暂停支付现金股利的观点及理由,但我也不赞成她提出的分配股票股利的观点,因为分配股票股利后,公司股本总额增加,而在近期公司获利状况不能改观的情况下,每股收益必然下降,从而会导致公司股票市价下跌,影响公司市场形象,因此我建议2013年公司暂不发放股利。

※思考问题:如果你是公司董事或是财务顾问,你会赞同哪位董事的观点或提出新的建议。

※课堂讨论:现金股利和股票股利的优缺点。

(二)案例分析提示

☺分析提示一

在以前每年发放现金股利,面临盈利水平下降、现金流量恶化和60%未分配利润进行投资的情况下,是否分红、如何分(分红方式)、现金股利分多少是非常复杂的问题。决策重点是不能对股价和股东财富产生重大影响。

☺分析提示二

现金股利和股票股利的优缺点必须结合实际充分论述。

☺分析提示三

关注公司总资产报酬率从2012年的12%下降到2013的4%,下降幅度很大,即使资产负债率较低,举债满足资金缺口不合适(举债基本条件不具备)。

☺分析提示四

从客户效应理论看,应考虑现金股利的延续性来稳定股价,即可以考虑分2 000万,但从现金流量恶化情况看,须进一步研究。因为现金股利分红的前提是:一是企业要有足够的未指明用途的留存收益;二是企业要有足够的现金。

☺分析提示五

股票股利在中国是比较常见的分红形式,不影响企业现金流量,是该企业目前情况下较为理想的选择。

结论1:在现金流量恶化可能情况下,可以考虑降低现金分红比例,按上年0.5元/股的分配水平支付现金股利,约需现金3 000万元左右,而按以前年份0.2元/股的分配水平支付现金股利,约需现金1 200万元左右。

结论2:降低现金股利支付水平,按0.1元/股的分配水平支付现金股利,约需现金600万元左右,外加一定的股票股利,即送分结合。

(1)支付现金股利是投资者容易接受的股利支付方式,它能满足大多数投资者希望得到一定数额的现金这种实在收益的要求,董事长王强提出的2013年公司仍然分配现金股利,正是基于这样的考虑,而且对增强投资者信心、树立公司市场形象的确具有一定的好处。但支付现金股利必须具备两个基本条件:一是企业要有足够的未指明用途的留存收益;二是企业要有足够的现金。

根据案情资料分析,宏股集团不完全具备上述两个基本条件,若要支付3 000万元左右的现金股利,会进一步加大公司现金流出量,增加公司支付压力。董事刘平提出的靠举债来弥补现金流量不足进而发放现金股利,这的确像董事陈莉所提出的必然增加企业的财务风险,因此这种方法不可取。

(2)根据案情分析,虽然公司的收益水平大幅下降,但毕竟公司保持一定的盈利且有一部分的未分配利润,如果2013年公司突然宣布不发放股利,必然导致广大投资者的不满,对公司长期以来树立的良好形象会产生重大影响,不利于公司的筹资和未来发展。

(3)暂停支付现金股利而改为分配股票股利,一方面可免付现金,保留下来的现金,可用于追加投资,扩大企业经营;另一方面股票变现能力强,易流通,股东乐于接受。这不仅能改善本企业现金流量不足的状况,减轻支付压力,而且有利于维持投资者的信心。同时,发放股票股利后,股东所持股份比例未变,因此每位股东所持股票的市场价值总额仍能保持不变。当然,发放股票股利会因普通股股数增加,而引起每股收益下降,股票市价也可能因此而下跌,这也在一定程度上影响公司的形象,但只要公司的经营状况得到改善,获利能力增强后,这种影响很小。因此基本赞同董事陈莉的观点,但是在发放股票股利的数额与比例上则需要根据公司的实际情况进一步研究。

第二节 基础知识练习

一、单项选择题

1. 极易造成股利的支付与企业盈余相脱节的股利政策是 （　　）
   A. 固定股利政策　　　　　　　　B. 剩余股利政策
   C. 固定股利支付率政策　　　　　D. 正常股利加额外股利政策

2. 公司为了稀释流通在外的本公司股票价格,对股东支付股利的形式采用 （　　）
   A. 现金股利　　　　　　　　　　B. 财产股利
   C. 负债股利　　　　　　　　　　D. 股票股利

3. 体现"多盈多分,少盈少分"的股利政策是 （　　）
   A. 剩余股利政策　　　　　　　　B. 固定股利政策
   C. 固定股利支付率政策　　　　　D. 正常股利加额外股利政策

4. 以下项目中不属于利润分配的项目是 （　　）
   A. 盈余公积金　　　　　　　　　B. 公益金
   C. 股利　　　　　　　　　　　　D. 所得税

5. 制定股利政策时,应考虑的股东因素是 （　　）
   A. 资本保全　　　　　　　　　　B. 筹资成本
   C. 通货膨胀　　　　　　　　　　D. 股权稀释

6. 若要保持目标资本结构,应采用的股利政策是 （　　）

A. 剩余股利政策 B. 固定股利政策
C. 固定股利支付率政策 D. 正常股利加额外股利政策

7. 有资格领取本期股利,必须是在下列哪一时期登记在册的股东 （　　）
   A. 股利宣告日 B. 股权登记日
   C. 除息日 D. 股利发放日

8. 下列有关股票分割表述正确的是 （　　）
   A. 股票分割的结果会使股数增加,股东权益增加
   B. 股票分割的结果有可能会使负债比重降低
   C. 股票分割会使每股市价降低
   D. 股票分割不影响股票面值

9. 一般而言,适应于固定或稳定增长股利政策的公司是 （　　）
   A. 负债率较高的公司
   B. 经营比较稳定或正处于成长期的企业
   C. 盈利波动较大的公司
   D. 盈利较高但投资机会较多的公司

10. 采用剩余政策分配股利的根本目的是为了 （　　）
    A. 降低企业筹资成本 B. 稳定公司股票价格
    C. 增强公司的灵活性 D. 体现股利与盈余紧密配合

11. 在下列股利分配政策中,能保持股利与利润之间一定的比例关系,并体现风险投资与风险收益对等原则的是 （　　）
    A. 剩余股利政策 B. 固定股利政策
    C. 固定股利比例政策 D. 正常股利加额外股利政策

12. 我国上市公司不得用于支付股利的权益资金是 （　　）
    A. 资本公积 B. 任意盈余公积
    C. 法定盈余公积 D. 上年未分配利润

13. 上市公司按照剩余政策发放股利的好处是 （　　）
    A. 有利于公司合理安排资金结构 B. 有利于投资者安排收入与支出
    C. 有利于公司稳定股票的市场价格 D. 有利于公司树立良好的形象

14. 相对于其他股利政策而言,既可以维持股利的稳定性,又有利于优化资本结构的股利政策是 （　　）
    A. 剩余股利政策 B. 固定股利政策
    C. 固定股利支付率政策 D. 低正常股利加额外股利政策

二、多项选择题

1. 从股东的角度看,制约股利分配的因素有 （　　）
   A. 稳定的收入和避税 B. 盈余的稳定性
   C. 控制权的稀释或争夺 D. 风险的规避

2. 股利分配的原则是 （　　）

A. 确认股利总额的原则 B. 资本保全的原则
C. 遵守国家财经纪律的原则 D. 保护债权人权益的原则

3. 股利支付份额方式有多种多样,常见的主要有 （　　）
A. 现金股利 B. 财产股利
C. 负债股利 D. 股票股利

4. 发放股票股利后,不会 （　　）
A. 改变股东的股权比例
B. 增加企业的资产
C. 引起每股盈余和每股市价发生变化
D. 引起股东权益各项目的结构发生变化

5. 主要依靠股利维持生活的股东和养老基金管理人赞成的股利政策是 （　　）
A. 剩余股利政策 B. 固定股利
C. 低正常股利加额外股利政策 D. 固定股利支付率政策

6. 企业选择股利政策通常需要考虑以下几个因素中的 （　　）
A. 企业所处的成长与发展阶段 B. 企业支付能力的稳定情况
C. 企业获利能力的稳定情况 D. 目前的投资机会

7. 公司实施剩余股利政策,意味着 （　　）
A. 公司接受了股利无关理论
B. 公司可以保持理想的资本结构
C. 公司统筹考虑了资本预算、资本结构和股利政策等财务基本问题
D. 兼顾了各类股东、债权人的利益

8. 股利政策的制定受多种因素的影响,包括 （　　）
A. 税法对股利和出售股票收益的不同处理
B. 未来公司的投资机会
C. 各种资本来源及其成本
D. 股东对当期收入的相对偏好

9. 股东在决定公司收益分配政策时,通常考虑的主要因素有 （　　）
A. 规避风险 B. 稳定股利收入
C. 防止公司控制权旁落 D. 避税

三、判断题

1. 固定股利支付率政策,能使股利与公司盈余紧密结合,以体现多盈多分、少盈少分的原则。 （　　）

2. 由于发放股票股利后,增加了市场的股票股数,从而使每位股东所持有股票的市场价值总额增加。 （　　）

3. 一个新股东要想取得本期股利,必须在除权日之前购入股票,否则即使持有股票业务也无权领取股利。 （　　）

4. 财务风险大、资金结构不合理的企业追加投资时,应尽可能从企业内部融资,以调

整资金结构降低风险。 (   )
5. 股东为防止控制权稀释,往往希望公司提高股利支付率。 (   )
6. 股票回购会使公司的股票价值被低估。 (   )
7. 公司不能用资本包括股本和资本公积发放股利。 (   )
8. 派发股票股利有可能会导致公司资产的流出或负债的增加。 (   )
9. 对于盈余不稳定的公司而言,较多采取低股利政策。 (   )
10. 在除息日之前,股利权从属于股票,从除息日开始,新购入股票的人不能分享本次已宣告发放的股利。 (   )
11. 与发放现金股利相比,股票回购可以提高每股收益,使估价上升或将股价维持在一个合理的水平上。 (   )
12. 固定股利政策的一个主要缺点是当企业盈余较少甚至亏损时,仍须支付固定数额的股利,可能导致企业财务状况恶化。 (   )
13. 根据"无利不分"原则,当企业出现年度亏损时,不得分配利润。 (   )
14. 采用固定股利支付率政策分配利润时,股利不受经营状况的影响,有利于公司股票价格的稳定。 (   )

四、分析计算题

1. 某公司的股权结构为:股本 10 000 万元(面值 1 元,共 10 000 万股),资本公积为 4 000 万元,未分配利润为 6 000 万元,股东权益合计为 20 000 万元。本年度公司因现金不足,决定发放 5% 的股票股利。已知当前市价为 8 元,本年度净利润为 4 000 万元。要求:

(1) 计算发放股票股利前后股东权益各项目有何变化?
(2) 计算发放股票股利前后公司每股收益各为多少?

2. 某公司 2011 年未分配利润为 1 000 万元,2012 年税后利润为 2 000 万元,股本 500 万股,每股面值 1 元,资本公积 100 万元,盈余公积 400 万元,所有者权益合计 4 000 万元,2012 年末每股市价 40 元。该公司决定:按 10% 的比例提取法定盈余公积金,发放 10% 的股票股利(即股东每持 10 股可得 1 股),并且按发放股票股利后的股数派发现金股利每股 0.1 元,假设股票每股市价与每股账面价值成正比例关系。要求:计算利润分配后的未分配利润、盈余公积、资本公积、流通股数和预计每股市价。

3. 某股份公司 2013 年的税后利润为 800 万元,目前的负债比例为 50%,企业想继续保持这一比例,预计企业 2014 年将有一项良好的投资机会,需要资金 700 万元,如果采取剩余股利政策,要求计算:

(1) 明年的对外筹资额是多少?
(2) 可发放多少股利额? 股利发放率为多少?

4. 某公司成立于 2013 年 1 月 1 日,2013 年度实现的净利润为 1 000 万元,分配现金股利 550 万元,提取公积金 450 万元(所提公积金均已指定用途)。2014 年实现的净利润为 900 万元(不考虑计提公积金的因素)。2015 年计划增加投资,所需资本为 700 万元。假定公司目标资本结构为权益资本占 60%,长期借入资本占 40%。要求:

（1）在保持目标资本结构的前提下，计算2015年投资方案所需的权益资本和需要从外部借入的长期债务资本。

（2）在保持目标资本结构的前提下，如果公司执行剩余股利政策。计算2014年度应分配的现金股利。

（3）在不考虑目标资本结构的前提下，如果公司执行固定股利政策，计算2014年度应分配的现金股利，可用于2015年投资的留存收益和需要额外筹集的资本。

（4）在不考虑目标资本结构的前提下，如果公司执行固定股利支付率政策，计算该公司的股利支付率和2014年度应分配的现金股利。

（5）假定公司2015年面临着从外部筹资的困难，只能从内部筹资，不考虑目标资本结构，计算在此情况下2014年度应分配的现金股利。

五、互动环节

1. 为什么我国上市公司股票股利发放的比例高于国际水平？

☆＿＿＿＿＿＿＿＿＿＿＿＿＿＿＿＿＿＿＿＿＿＿＿＿＿＿＿＿＿＿＿

☺分析提示：如果从全球视角考察国外上市公司股利政策的问题，可以发现，派现一直是公司主要的股利支付方式，股票股利却不像我国那样具有普遍性。其原因在于我国对股票股利的会计处理与国际上通行的做法不同。发放股票股利的会计处理是根据发放的股票股利金额，把未分配利润转入股本和股本溢价。国际上一般按照股票市场价格计算转入金额，而我国则按照股票面值计算。为此，国外的上市公司只有在具备较高盈利水平、有较多未分配利润时，才可能具备高比例送股的能力，这就导致了国外公司很少采用股票股利。而我国上市公司之所以能频繁地发放股票股利，与采用面值计算的会计处理规定有着直接的关系。

2. 2013年12月，美国美邦科技公司基于其自身发展良好的电话业务和向国际多元化进军方面的成功，宣布一项优厚的计划来对股东进行奖励。这项计划包括：①将每季度的股利支付额由每股56.5美分上升到60美分；②回购价值20亿美元的普通股；③进行1∶2的股票分割。这一计划一公布，投资者就举杯相庆。该消息公布的当天股价抬高了4%。

试分析这项计划的影响。

☆＿＿＿＿＿＿＿＿＿＿＿＿＿＿＿＿＿＿＿＿＿＿＿＿＿＿＿＿＿＿＿

☺分析提示：股票回购是指股份公司从股东手中购回本公司发行在外的股票，减少本公司股数的一种资本运作方式。股票回购和现金股利一样，一方面，现金资产因支付而减少，股东权益也等额减少。在公司现金富裕的情况下，如果股份公司不愿意改变既定的股利分配政策，或不愿意因一次偶然的现金股利的支付增加今后现金股利支付的压力，则可以选择股票回购作为现金股利的一种替代。

股票分割，也称股票拆细，即将一股股票分割为两股及两股以上的股票。分割前股票的面值较大，分割后的股票面值随分割股数的增加而降低。和股票股利相似，股票分割也是在不增加股东权益的基础上增加股票的数量,股本、资本公积、留存收益的总额均不会发生变化。但和股票股利不同的是,股票分割不仅不改变股东权益总额,也不改变股东权益的内部构成。而股票股利虽然不改变股东权益总额,却改变了股东权益的内部结构,表现为留存收益的减少和股本的增加,有时也引起资本公积的增加。

第三节 苏宁电器收益分配案例分析

一、公司概况

苏宁电器1990年创立于江苏南京,是中国3C(家电、电脑、通信)家电连锁零售企业的领先者,是商务部重点培育的"全国15家大型商业企业集团"之一。公司围绕市场需求,按照专业化、标准化的原则,苏宁电器将电器连锁店面划分为旗舰店、社区店、专业店、专门店4大类18种形态。苏宁电器采取"租、建、购、并"四位一体、同步开发的模式,保持稳健、快速的发展态势。预计到2020年,网络规模将突破3 000家,销售规模突破3 500亿元。

1. 苏宁的优势

(1)目前处于国内同行业的领先地位,具有区域性企业规模优势。

(2)着力于物流、信息化等的建设,充分利用规模经济。

(3)企业内部管理实现了标准化、集约化、统一化,库存、采购、财务统一管理。

(4)与供应商之间建立了基于B2B的供应链管理项目。

(5)积极进军电子商务,并初步取得成效。

(6)进军中国香港地区与日本,为全球化铺平了道路。

(7)领导层性格稳重,态度扎实,目光长远,目的明确,注重企业的长期发展。

(8)企业品牌知名度高,形象好。

2. 苏宁的劣势

(1)面对区域性龙头企业的先行优势,新进入一个区域要付出较高成本,会暂时降低盈利能力。

(2)物流、信息化系统、供应链管理系统的建设带来的优势都是可复制的,必须建立竞争对手不易复制的核心竞争力。

(3)产品、服务与同级别竞争对手相比差异化不明显,可替代性较高。

(4)B2C业务发展阻碍较大,面临先行进入的专业B2C网站、供应商的竞争。

(5)企业管理层稳扎稳打的处事风格,对于能否准确把握重大机会、迅速做出反应的随机应变及创新能力或许有所欠缺,影响了企业的发展速度。

3. 苏宁的发展战略

(1)产品:以品牌为主;以服务为主;产品差异化战略。

(2)价格:价格灵活;巧用心理价格。

(3)促销。

(4)渠道:专业连锁化道路;直供与非直供相结合;精心挑选供应商。

(5)人才战略:秉承"自主培养、内部提拔"的人才培养方阵,苏宁电器高度注重人才梯队建设,建立了上至总经理、下至终端作业人员的人才工程。

二、历史分配政策及其原因

公司 2005 年度中期资本公积金转增股本方案为:以 2005 年 6 月 30 日公司总股本 186 320 000 股为基数,以资本公积金转增股本,向全体股东每 10 股转增 8 股,转增后公司总股本 186 320 000 股增加至 335 376 000 股,资本公积金由 278 989 856.32 元减少为 129 933 856.32 元,见表 9.1。

表 9.1 2005 年股利分配表

公告日期	2005-10-11	分红截止日期	2005-06-30
分红对象	全体股东	派息股本基数	186 320 000 股
每 10 股现金(含税)	0.000 0 元	每 10 股现金(税后)	0.000 0 元
每 10 股送红股	0.000 0 股	每 10 股转增股本	8.000 0 股
股权登记日	2005-10-14	除权除息日	2005-10-17
最后交易日		股息到账日	
红股上市日		转增股本上市日	2005-10-17

2006 年,国美全面收购永乐,标志着行业集中度进一步提升,行业结构更为稳定。2006 年全年国美(永乐)、苏宁、五星、大中前四大家连锁门店达到 1 400 余家,家电年销售额达到 1 300 亿元,占全国消费电子市场的份额仍不足 20%,公司发展仍然存在着巨大的提升空间。公司于 2006 年 6 月 20 日以非公开发行股票的方式向证券投资基金等特定投资者发行人民币普通股(A 股)2 500 万股,募集资金 119 502 万元,另一方面公司决议 2006 年度不进行现金利润分配,通过未分配利润合理有效的再投入,使公司获得更稳定的发展,从而与投资者更好地分享企业利益。

2007 年,苏宁电器实现营业收入 401.5 亿元,同比增长 53.5%;实现净利润 14.7 亿元,同比增长 93.4%;实现每股收益 1.02 元。公司业绩高速增长。鉴于公司的持续外延扩张政策,公司无拟定的利润分配或资本公积金转增股本预案,力图于内生和外延的稳步增长。由于 2007 年 3 月 30 日,本公司 2006 年年度股东大会决议通过了以资本公积转增股本 720 752 000.00 元。经此次转增后,股本总额变更为 1 441 504 000.00 元,见表 9.2。

表 9.2 2007 年股利分配表

公告日期	2007-03-31	分红截止日期	2006-12-31
分红对象	全体股东	派息股本基数	720 752 000 股
每 10 股现金(含税)	0.000 0 元	每 10 股现金(税后)	0.000 0 元
每 10 股送红股	0.000 0 股	每 10 股转增股本	10.000 0 股
股权登记日	2007-04-05	除权除息日	2007-04-06
最后交易日		股息到账日	
红股上市日		转增股本上市日	2007-04-06

2008 年,苏宁新进地级以上城市 26 个,新开连锁店 210 家,置换连锁店 30 家,净增加连锁店 180 家,其中旗舰店、中心店和区店分别新增 30 家、41 家和 109 家。公司报告期内实现营业收入 498.97 亿元,利润总额 29.5 亿元,归属于上市公司股东净利润为 21.7 亿

元,分别较上年增长 24.27%、31.66%、48.09%。公司实现基本每股收益为 0.74 元,归属于上市公司股东的每股净资产 2.93 元,分别较上年增加 45.1% 以及下降 3.21%。2008 年公司经营活动产生的现金流量净额达到 38.19 亿元,较上年增长 9.23%。

表9.3 2008 年股利分配表

公告日期	2008-09-22	分红截止日期	2008-06-30
分红对象	全体股东	派息股本基数	1 495 504 000 股
每 10 股现金（含税）	1.000 0 元	每 10 股现金（税后）	0.900 0 元
每 10 股送红股	0.000 0 股	每 10 股转增股本	10.000 0 股
股权登记日	2008-09-25	除权除息日	2008-09-26
最后交易日		股息到账日	2008-09-26
红股上市日		转增股本上市日	2008-09-26

2010 年,1 月 25 日,苏宁电器的 B2C 网购平台"苏宁易购"正式上线。由此了解到,苏宁在 2010 年大规模建造自建店,对固定资产的投资大幅度增加,投资性现金支出为 56.63 亿,同比 2009 年增加 198%。由于这种资本开支计划的庞大,并且其资本公积在 2009 年进行了一次分拆。与此同时,2010 年是苏宁电器经营的第 20 年,为了下一个 10 年的规划,苏宁出于长远的考虑,合理地留用利润。因此,2010 年的股利分配方案仅按照净利润的 17% 派息。

表9.4 2010 年股利分配表

公告日期	2010-04-09	分红截止日期	2009-12-31
分红对象	全体股东	派息股本基数	4 664 141 244 股
每 10 股现金（含税）	0.500 0 元	每 10 股现金（税后）	0.450 0 元
每 10 股送红股	0.000 0 股	每 10 股转增股本	5.000 0 股
股权登记日	2010-04-15	除权除息日	2010-04-16
最后交易日		股息到账日	2010-04-16
红股上市日		转增股本上市日	2010-04-16

三、苏宁电器股利分配政策的启示

在 A 股市场上,没有哪家公司像苏宁电器那样如此频繁地"慷慨"配送。苏宁电器于 2004 年 7 月 21 日以 16.33 元的发行价上市,此后便拉开了用资本公积转增成倍扩大股本的大幕。苏宁电器不断地用资本公积转增的方式增加股本,转增后再利用"填权效应"复原股价,股本增加了,发行同样数量的新增股份所占股本总额的比例减小了,对控股股东和实际控制人股权的稀释作用就减弱了。上述循环可以概括为:"大比例转赠股本—再融资—大比例转赠股本—再融资",如此大量地频繁转股,其实是为了再融资的时候尽量减少对控股股东控股权的稀释作用。

股利分配政策与公司投资、筹资方案是分不开的,苏宁属于快速成长阶段,所以需要大量投资筹资。所以利润分配倾向于保持较多的留存收益,资本公积转增股本以扩大公司股本规模。

四、理论知识链接

(一)国外上市公司利润分配政策

在国外发达的证券市场中,上市公司分红收益分配方案大致可以分为以下四种形式。

1. 现金股利形式

现金股利形式即上市公司分红时向股东分派现金。这种分红方式可以使股东获得直接的现金收益,方法简便,是分红的主要形式。但是在确定分派现金比例时,往往存在公司与股东之间的矛盾。分派现金过多,受到股东的欢迎,但是公司用于扩大再生产的资金就会减少,不利于公司的长远发展。而分派现金过少,虽然公司扩大再生产的资金增加,但是股东的眼前利益受到影响,从而影响公司股票的价格。

2. 股票股利形式

股票股利形式即上市公司以本公司的股票代替现金作为股利向股东分红的一种形式。这种分红形式即送红股的形式。所送红股是由红利转增资本或盈余公积金转增资本形成的,属于无偿增资发行股票。由于所送股票是按股东所持股份的比例分派的,每位股东在公司拥有的权益不发生变化。同时,这种分红方式只是使公司账户上的一部分留存收益转化为股本,公司的资产及负债并未受到影响。送红股方式的好处在于,现金股利可保留在公司内部,防止其流出公司,既增加了公司的资本,又扩大了公司的生产经营活动。股东活动分派的股票不需支付现金,而且在一些发达国家,获得股票股利可以不缴纳所得税。

3. 财产股利形式

财产股利形式即公司以持有的财产代替现金作为股利向股东分红的一种形式。主要是以公司所持有的其他公司的有价证券作为股利发放。有时也可以用自己公司的产品等实物作为股利向股东分红,这样做既扩大了产品销路又保留了现金。

4. 负债股利形式

负债股利形式即公司用债券或应付票据代替现金作为股利向股东分红的一种形式。通过这种分红形式,股东虽然没有得到现金收益,但是通过股东对公司所享有的债权,可以获得利息,也可达到股东的投资目的。在以上四种分红形式中,现金股利形式是西方最普遍的一种分红形式。

(二)股利政策的影响因素

股利政策是关于公司是否发放股利、发放多少股利及何时发放股利等方面的方针和策略。受股利政策影响的主要有下面几个方面。

(1)法律方面:保证资本完整,确保债务契约,股利出自盈利。

(2)控制权的大小约束:股利派发将增加未来依靠新股发行、新股筹资的可能性,而发行又意味着企业控制权有旁落他人的可能,但少发股利又可能引起现有股东的不满,所以这种两难境地影响了企业的决策。

(3)筹资能力和偿债需要:偿债能力强,可按较高比率支付股利,用现有货币资金偿债,则应尽量少发。

（4）公司资产的流动性：流动资产多则变现能力强，强则多发股利，但不应为支付股利降低公司财产的流动性。

（5）投资机会：投资机会多需要大量现金，应从严支付股利。

（6）股利政策惯性：要作重大调整时应考虑历年股利政策的连续性和稳定性，以免影响企业声誉、股票价格、负债能力和信用。

（7）投资者结构或股东对股利分配的态度：考虑他们不一致的态度，以平衡公司和各类股东的关系。

在实际中，股利政策主要还是依靠定性判断。

五、实训项目要求

✿要求一：通过网络、报纸、图书或其他渠道收集有关苏宁电器的财务数据和资料，评价其偿债能力、获利能力、营运能力和发展能力。
　☆＿＿＿＿＿＿＿＿＿＿＿＿＿＿＿＿＿＿＿＿＿＿＿＿＿＿＿＿＿＿＿＿
＿＿＿＿＿＿＿＿＿＿＿＿＿＿＿＿＿＿＿＿＿＿＿＿＿＿＿＿＿＿＿＿＿

✿要求二：通过对苏宁电器的财务报表分析，阐述苏宁电器股利政策是如何与其财务状况相适应的。
　☆＿＿＿＿＿＿＿＿＿＿＿＿＿＿＿＿＿＿＿＿＿＿＿＿＿＿＿＿＿＿＿＿
＿＿＿＿＿＿＿＿＿＿＿＿＿＿＿＿＿＿＿＿＿＿＿＿＿＿＿＿＿＿＿＿＿

✿要求三：结合股利政策的影响因素，对苏宁电器的股利政策提出合理化建议。
　☆＿＿＿＿＿＿＿＿＿＿＿＿＿＿＿＿＿＿＿＿＿＿＿＿＿＿＿＿＿＿＿＿
＿＿＿＿＿＿＿＿＿＿＿＿＿＿＿＿＿＿＿＿＿＿＿＿＿＿＿＿＿＿＿＿＿

第四节　技能实训

一、实训目的

开展实践调查活动，使学生了解利润分配的程序和原则，明确利润分配政策决策时的影响因素，掌握主要股利政策的优缺点，激发学生的学习兴趣和热情，为今后财务管理课程的学习和职场人生奠定基础。

二、实训内容

结合本章所学内容，联系当地一家企业或在因特网上寻找你感兴趣的上市公司，收集该公司近三年的财务基础数据、现金资产数量、债务负担、未来投资项目和股利分配等的相关资料。

根据你所收集的资料分析：

（1）该公司实施的是什么样的股利政策？这样的股利政策对该公司有何有利和不利的影响？

（2）你认为决定公司采取该股利分配政策或方案的主要影响因素有哪些？这些因素

是如何影响股利政策或方案指定的?

(3)你认为股利政策和股东的财富有没有关系?如果有,是什么关系?

对其利润分配程序、股利政策制定时考虑的因素、股利支付程序和方式进行综合分析,形成书面材料,做成PPT在班级公开汇报,其他同学组成答辩小组公开答辩。

三、实训要求

(1)对学生进行分组,指定小组负责人联系合作单位或学生合理利用社会关系自主联系实践单位。

(2)根据本实训教学的目的,拟定调查题目,列出调查提纲,指定调查表格。

(3)实地调查和采访时要注意自己的形象,能准确流利地表达自己的目的和愿望,以便得到对方的配合。

(4)对调查采访资料进行整理和总结,写出一份调查报告(1 000字左右),做成PPT在班级公开汇报。

四、实训报告

实训后应完成实训报告,具体内容包括:

(1)因特网上收集的相关资料。

(2)对所收集的上市公司的相关资料进行分析,如企业盈利能力、现金资产的数量、债务负担和投资项目与股利分配的关系。

(3)和其他同学进行交流,看其他上市公司的情况如何,其他同学的分析结论如何,并进行讨论。

(4)对股利政策与股东财富之间的关系进行论述。

(5)完成本次实训的心得和体会。

第十章
Chapter 10

公司并购、重组与清算实训

【本章实训要点】

通过本章学习,要求理解公司并购的动因;认识非现金收购;理解吸收合并的意义;了解公司重组的含义及其程序;了解企业清算的含义及其程序。

【实训目的和要求】

通过公司并购、重组与清算的实训,使学生比较系统地掌握并购、重组与清算的各种方式,加强对所学的关于公司并购、重组与清算的运用和理解,加强学生的实际动手操作能力,提高对这部分专业知识的应用。能够借助实训案例资料,结合有关的理论知识,通过实际案例分析,在教师的指导下,独立思考和分析所给的案例资料,结合有关理论,通过实际案例分析,拓展思维能力,掌握应有的专业知识和技能。

第一节 导入案例训练

【案例一】

(一)案例资料

江苏卫视——《非诚勿扰》

《非诚勿扰》是中国江苏卫视制作的一档生活服务类节目,为广大单身男女提供公开的婚恋桥梁。于2010年1月15日首播,开播至今已成为收视率排名前几位的综艺节目之一。

在江苏卫视的官方网站上,《非诚勿扰》被定位为"大型婚恋交友节目"。每期节目都会有24位女嘉宾前来相亲,通过"爱之初体验""爱之再判断""爱之终决选"三关,来了解同一位男嘉宾。在此期间,女方亮灯表示对男嘉宾满意,愿意继续了解,灭灯则表示对男嘉宾不满意。若场上只有一位女嘉宾亮灯,主持人将询问男嘉宾的意见,如果他也中意亮灯的女嘉宾,则速配成功;若场上所有女嘉宾都灭灯,则男嘉宾必须离场。三关之后,如果仍有多位女嘉宾亮灯,则男嘉宾将获得选择权,挑选自己心仪的女嘉宾。※思考问题:《非诚勿扰》节目取得高的收视率的原因是什么?

※课堂讨论:
①适龄青年如何吸引异性对自己关注的目光?
②男女之间从相识、相恋、结婚、生子到白头偕老,你认为如何做才能使恋人之间的感情更加稳固,家庭生活更加幸福?
③两个企业之间的并购,类似于男女相亲,相互欣赏,相互需要时便可以通过适当的途径和方式相互结合。你认为企业之间并购的动因有哪些?

【案例二】

(一)案例资料

大众并购保时捷旗下汽车制造部门

2009年10月,在大众公司与保时捷共同组建综合汽车集团的过程中,双方终于迈出了实质性一步,根据保时捷公司计算出的企业价值,大众汽车集团预计将耗资大约39亿欧元获得保时捷公司49.9%的股份。为支持参股而进行再融资并保持大众汽车集团良好的信用等级,大众汽车集团计划在2010年上半年增加优先股资本金。

2010年4月14日,大众以每股65欧元的价格出售了6 490万股优先股,扣除手续费筹得41亿元,从而可以完成对保时捷汽车控股公司旗下汽车制造部门的合并收购。

同时大众也计划重新发售公司债券,这是大众自2007年金融危机爆发后首次发行债券,通过此次债券出售,大众希望筹得6.862 5亿欧元的资金。

大众金融部门发言人表示这些债券包括:标普评级AAA债券价值6.225亿欧元,期限为1.65年;被标普评级为A6的债券6 375万欧元。

※思考问题:股票和混合证券支付的筹资渠道有哪些?

※课堂讨论:大众并购保时捷汽车控股公司旗下的汽车制造部门采用了哪些筹资渠道?

(二)案例分析提示

☺分析提示:

在并购中,主并企业用股票或混合证券支付时,发行的证券要求是已经或者将要上市的,因为只有这样,证券才有流动性,并有一定的市场价格作为换股参考。

(1)发行普通股。主并企业可以通过将以前的库存股重新发售或者增发新股给目标企业的股东,换取目标企业的股权。普通股支付方式有两种:一是有主并企业出资收购目标企业的全部股权或部分股权,目标企业取得资金后认购主并企业的增资股,并购双方不需要再另筹资金即可完成并购交易;另一种方式是由主并企业收购目标企业的全部资产或部分资产,目标企业认购主并企业的增资股,这样也达到了股权置换的目的。新发行给目标企业股东的股票应该与主并企业原来的股票同股同权同利。

(2)发行优先股,有时向目标企业发行优先股可能会是主并企业更好的选择。比如,如果目标企业原来的股利政策是发放较高的股息,为了保证目标企业股东的收益不会因并购而减少,目标企业可能会提出保持原来的股利支付率的要求。对于主并企业而言,如果其原来的股利支付率低于目标企业的股利支付率,提高股利支付率,则意味着老股东的股利都要增加,这会给主并企业的财务带来很大的压力。这时,发行优先股就可以避免这种情况。

(3)发行债券。有时主并企业也会向目标企业股东发行债券,以保证企业清算解体时,债权人可先于股东得到偿还。债券的利息一定会高于普通股票的股息,这样对目标企业的股东就会有吸引力。而对主并企业而言,收购了一部分资产,股本额仍保持原来的水平,增加的只是负债,从长期来看,股东权益未被稀释。因此,发行债券对并购双方都是有利的。

第二节 基础知识练习

一、单项选择题

1. 最容易受到各国有关反垄断法政策限制的并购行为是 ( )
   A. 横向并购　　　　　　　　　　　B. 纵向并购
   C. 混合并购　　　　　　　　　　　D. 敌意并购

2. 企业并购谋求财务协同效应的表现不包括 ( )
   A. 提高财务能力　　　　　　　　　B. 合理避税
   C. 预期提高股价　　　　　　　　　D. 实现规模经济

3. 采用相对价值法对并购企业的价值进行评估,优先选择的市盈率通常为 ( )
   A. 并购时点目标企业的市盈率　　　B. 目标企业行业的平均市盈率
   C. 并购企业的市盈率　　　　　　　D. 与目标企业类似企业的市盈率

4. A 公司拟以向 B 公司定向增发新股方式收购 B 公司的所有股票。收购前 A 公司发行在外股票为 1 600 万股,净利润为 2 400 万元;B 公司发行在外股票为 400 万股,净利润为 450 万元。假设收购完成后 A 公司市盈率不变,要想维持收购前 A 公司的股票市价,A、B 公司股票交换率应为 ( )
   A. 0.65　　　　　　　　　　　　　B. 0.75
   C. 0.935　　　　　　　　　　　　　D. 1.33

5. 关于某汽车厂并购一橡胶厂的论述,正确的是 ( )
   A. 属于纵向并购,不易受反垄断法的限制
   B. 属于购买式并购,以取得橡胶厂的经营权
   C. 属于混合式并购,以分散投资,降低经营风险
   D. 属于横向并购,目的在于多种经营,扩大企业规模

二、多项选择题

1. 控股公司的优点是 ( )
   A. 以较少的产权投资控制基层大量资产
   B. 风险独立
   C. 获取规模经济效益

D. 降低并购成本

2. 经济协同效应包括 （ ）
   A. 规模经济效益   B. 控制战略资源
   C. 整合利用优势人力资源   D. 进一步扩大市场份额

3. 股权交换收购的特点包括 （ ）
   A. 不需要支付现金   B. 企业的控制权可能发生转移
   C. 股权交换收购手续较简单 D. 利于保持并购企业的良好现金流量

4. 收购人有如下哪些情况的，可以向中国证监会提出免于以要约方式增持股份的申请。 （ ）

   A. 收购人与出让人能够证明本次转让未导致上市公司的实际控制人发生变化。

   B. 上市公司面临严重财务困难，收购人提出的挽救公司的重组方案取得该公司股东大会批准，且收购人承诺 2 年内不转让其在该公司中所拥有的权益。

   C. 经上市公司股东大会非关联股东批准，收购人取得上市公司向其发行的新股，导致其在该公司拥有权益的股份超过该公司已发行股份的 30%，收购人承诺 3 年内不转让其拥有权益的股份，且公司股东大会同意收购人免于发出要约。

   D. 证券公司、银行等金融机构在其经营范围内依法从事承销、贷款等业务导致其持有一个上市公司已发行股份超过 30%，没有实际控制该公司的行为或者意图，并且提出在合理期限内向非关联方转让相关股份的解决方案。

5. 在企业并购活动中，下列说法正确的是 （ ）
   A. 并购效应指并购后新公司的价值超过并购前各公司价值之和的差额
   B. 并购溢价指并购价格高于被并购方价值的部分
   C. 并购收益为并购效益减去并购溢价，不考虑并购费用
   D. 并购收益为并购效益减去并购溢价，并考虑并购费用

三、判断题

1. 并购是公司经营成功的体现，而剥离分立则是公司经营不成功的象征。（ ）

2. 杠杆收购是收购公司主要通过借债来获得目标公司的产权，且从后者的现金流量中偿还负债的收购方式。 （ ）

3. 盈利的 A 企业并购亏损的 B 企业，目的是利用 B 企业的亏损额抵消未来的盈余，做到合理避税，A 企业的行为是在谋求经营协同效应。 （ ）

4. 并购收益为并购后企业的价值超过并购前目标企业和并购企业的价值之和的部分。 （ ）

5. 对上市公司的要约收购仅发生在收购目标公司的股份比例超过 30% 时，亦可根据条件申请豁免要约收购。 （ ）

四、计算题

1. A 公司 2013 年以后的现金流量每年增长 10%，股权资本成本为 12%，2013 年分配的股利为 9 万元，试计算 2013 年年末 A 公司的企业价值。

第十章 公司并购、重组与清算实训

2. 假设并购企业 A 与目标企业 B 在并购前的财务状况见表 10.1。

表 10.1 并购企业与目标企业并购前的财务状况

企业 项目	并购企业	目标企业
经营收入/万元	4 800	3 900
经营成本/万元	3 360	2 925
税前利润/万元	1 440	975
税率	33%	33%
税后利润/万元	964.8	653.15
税后利润增长率	6%	3.5%
资本成本	9%	11%

并购后企业的财务状况分两种情况：无增效状态和增效状态，其财务状况见表 10.2。参照股权现金流量模型，假设税后利润全部用于分配，试分别计算无增效状态和增效状态下的并购效益。

表 10.2 并购后无增效和增效两种情况下的财务状况

企业 项目	无增效状态	增效状态
经营收入/万元	4 800+3 900=8 700	8 700
经营成本/万元	3 360+2 925=6 285	5 655
销售成本率	72%	65%
税率	33%	33%
税后利润/万元	964.8+653.25=1 618.05	2 040
税后利润增长率	5.48%	6%
加权平均资本成本	9.4%	9%

五、互动环节

1. A 公司拟采用增发其普通股的方式收购甲企业，A 公司计划支付给甲企业高于其市价 20% 的溢价。其他有关资料见表 10.3。

表 10.3 A 公司与甲企业资料表

项目	A 公司	甲企业
现有净利润/万元	6 000	900
流通在外普通股/万股	3 000	600
市盈率	15	10

互动环节一：换股比率为多少？A 公司须增发多少普通股股票？

☆ _____

☺ 分析提示：

换股比率 = [10×(900÷600)] ÷ [15×(6 000÷3 000)] = 15÷30 = 0.5

A 公司须增发普通股股票 = 600×15×(1+20%) ÷ 30 = 360(万股)

互动环节二：如果两个企业并购后的收益能力不变，则合并对原企业股东每股收益有何变化？

☆_____

😊 **分析提示：**

因为 900÷600÷0.5=3＞(6 000÷3 000)=2，所以收益能力有所提高。

互动环节三： 如果两个企业并购后的收益能力不变，合并后 A 公司市盈率上升为 16，则合并后新 A 公司每股市价为多少？

☆_____

😊 **分析提示：**

$$A 公司股价 = (6\,000+900)÷(3\,000+360)×16 = 32.86(元)$$

2. 从事家电生产的 A 公司董事会正在考虑吸收合并一家同类型公司 B，以迅速实现规模扩张。两公司合并前的年度财务资料见表 10.4。

表 10.4 两公司合并前的年度财务资料   单位：万元

项目	A 公司	B 公司
现有净利润	14 000	3 000
股本（普通股）	7 000	5 000
市盈率	20 倍	15 倍

两公司的股票面值都是每股 1 元，如果合并成功，估计新的 A 公司每年的费用将因规模效益而减少 1 000 万元，公司的所得税税率均为 30%。A 公司打算以增发新股的办法以 1 股换 B 公司 4 股股票完成合并。

互动环节一： 计算合并后新的 A 公司的每股收益。

☆_____

😊 **分析提示：**

新的 A 公司净利润 = 14 000+3 000+1 000×(1−30%) = 17 700(万元)

新的 A 公司股份总数 = 7 000+5 000÷4 = 8 250(万股)

新的 A 公司每股收益 = 17 700÷8 250 = 2.15(元)

互动环节二： 如果合并后 A 公司市盈率不变，则使并购前后每股收益相等的换股比率是多少？

☆_____

😊 **分析提示：**

原 A 公司每股收益 = 14 000÷7 000 = 2(元)

原 A 公司每股市价 = 2×20 = 40(元)

B 公司的每股收益 = 3 000÷5 000 = 0.60(元)

B 公司的每股市价 = 0.6×15 = 9(元)

股票市价交换率 = (40×0.25)÷9 = 1.11

或

股票市价交换率 = 40÷(4×9) = 1.11

第三节 公司并购、重组与清算案例分析

一、新湖中宝吸收合并案例分析

（一）案例背景

新湖中宝和新湖创业均为新湖系旗下公司，且均在上海证券交易所上市。根据2008年年报披露，新湖中宝与新湖创业的产权关系如图10.1所示，其中，最终控制人黄伟与李萍为夫妻关系。

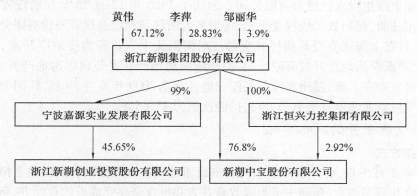

图 10.1　合并前新湖中宝和新湖创业的产权关系图

新湖中宝的前身是浙江嘉兴惠肯股份有限公司，1992年8月由嘉兴商业大厦、嘉兴市信托投资公司、嘉兴市建设房地产开发公司和中国工商银行浙江省信托投资公司等四家单位共同发起，以定向募集方式设立股份有限公司，成立时总股本为500.1599万股，每股面值10元，募集资金5 001.599万元。公司主要从事商业零售、批发等业务。1996年9月，由嘉兴市国资委授权嘉兴市商业控股（集团）公司持有。1996年12月，惠肯股份公司的国家股由嘉兴市商业控股（集团）公司持有。1996年12月，惠肯股份公司按1∶1的比例进行配股，配股认购的不足部分1 600万股由北京戴梦得宝石公司以实物资产认购。由于北京戴梦得宝石公司并入戴梦得实业发展有限公司，其持有的1 600万股已由戴梦得实业发展有限公司继承，公司名称变更为浙江中宝戴梦得股份有限公司，主营业务逐步由商业转向珠宝矿石的开采、加工与销售，日用百货、服装、建材的批发与零售，以及酒店的经营与管理等。1997年公司更名为中宝戴梦得股份有限公司。1997年11月，以原中宝戴梦得股份有限公司作为存续主体，采取吸收合并的方式，合并了中宝翡翠有限公司和浙江美尔珠宝首饰有限公司。1999年6月2日，经中国证监会批准，公司向社会公众公开发行人民币普通股5 850万股，并于1999年6月23日在上海证券交易所挂牌交易，股票简称"戴梦得"，股票代码"600208"。公开发行后，公司总股本增加至20 903.36万股。

2006年11月17日，经公司2006年第三次临时股东大会表决通过，公司以3.21元/股的价格向新湖集团定向发行120 000万股股份，新湖集团以其所持有的14家

房地产类子公司的股权认购,该次发行完成后,公司总股本增加至151 276.03万股,公司更名为新湖中宝股份有限公司。公司的主营业务转为房地产开发,房地产投资项目分布在浙江(杭州、温州、嘉兴、衢州、湖州)、上海、江苏(苏州、镇江、淮安)、江西(九江)、安徽(黄山、芜湖、蚌埠)、山东(泰安)、辽宁(沈阳)等省市。未来公司的项目将定位于全国市场(上海、江苏除外),在开发地域的选择上注重一、二、三线城市的合理配置,逐步提高化解区域性市场风险的能力。目前,公司房地产业务取得较快发展,下属20多家房地产公司开发地产项目近30个,规划建筑面积超过1 000万平方米,具有显著的规模优势、品牌优势与管理优势。截至2009年6月30日,新湖集团持有新湖中宝76.80%的股份。

浙江新湖创业投资股份有限公司原系经绍兴市人民政府办公室批准,在原绍兴百货大楼的基础上改组设立的股份有限公司。公司于1986年12月25日在浙江省工商行政管理局登记注册,经历数次股权变更,公司更名为浙江新湖创业投资股份有限公司。1994年3月11日在上海证券交易所挂牌交易。新湖创业主营业务为房地产开发、销售和贸易,拥有上海新湖房地产开发有限公司、温州新湖房地产开发公司等房地产开发企业,公司房产项目分布在上海、温州和江苏吴江三地。截至2009年6月30日,新湖创业的第一大股东为宁波嘉源实业发展有限公司,持股比例为45.65%。

(二)吸收合并的战略实施

1. 合并方式

2009年1月5日,合并双方股东大会审议通过吸收合并方案。新湖中宝拟通过换股方式吸收合并新湖创业,新湖中宝为吸收合并方和吸收合并完成后的存续方,新湖创业为被吸收合并方。本次吸收合并完成后,新湖中宝将作为存续企业,新湖创业的资产、负债、业务和人员全部进入新湖中宝,新湖创业将注销法人资格。2009年8月25日,新湖创业公告退市,8月27日正式退市。

本次换股吸收合并中的换股比例以双方市场化估值为基础确定。具体的做法是以吸收合并董事会决议公告日(2008年12月10日)前20个交易日的交易均价为基础协商确定。换股比例的计算公式为

$$新湖创业换股比例 = \frac{新湖创业换股价格}{新湖中宝换股价格}$$

董事会决议公告日前20个交易日的交易均价分别为3.85元/股和7.11元/股。实施换股时新湖创业全体股东所持有的新湖创业股份将按照1∶1.85换股比例转换为新湖中宝股份。换股吸收合并后新湖中宝新增A股股份56 255万股。

2. 相关方利益保护机制

新湖中宝的异议股东在新湖中宝股东大会表决本次吸收合并方案时持有并且一直持续持有至收购请求权实施日的股票属于有权行使收购请求权的股份,异议股东在新湖中宝股东大会股权登记日后买入的或先卖出后又买入的新湖中宝股份不属于有权行使收购请求权的股份,不得行使收购请求权。在收购请求权申报日,新湖中宝的异议股东有权以3.85元/股的价格将其持有的全部或部分有权行使收购请求权的股份,以书面形式申报行使收购请求权。

新湖创业的异议股东在新湖创业股东大会表决本次吸收合并方案时持有并且一直持

续持有至现金选择权实施日的股票属于有权行使现金选择权的股份,异议股东在新湖创业股东大会股权登记日后买入的或先卖出后又买入的新湖创业股份不属于有权行使现金选择权的股份,不得行使现金选择权。在现金选择权申报日,新湖创业的异议股东有权以7.11元/股的价格将其持有的全部或部分有权行使现金选择权的股份申报行使现金选择权。

新湖中宝于2008年7月发行了14亿元的公司债券,债券代码为122009。为充分保护公司债券持有人的利益,新湖中宝拟给予债券持有人一次回售机会(或由第三方给予债券持有人一次面值加相应期间利息出售的机会)。但考虑若回售数量太大,将给公司的现金流量造成压力,为避免影响上市公司的正常经营,回售数量以20%为限,即若债券持有人进行回售申报的数量超过公司债券总额的20%,则整个吸收合并方案将终止。具体的做法是由第三方(长城证券和浙江新湖集团股份有限公司)给予2008新湖债券持有人一次面值加相应期间(自发行日或上次付息日至提前清偿实施日)利息清偿的机会,并且2009年1月6日之前,第三方已将履行2008新湖债券提前清偿权利的保证金5 978万元划入中国证券登记结算有限责任公司上海分公司的制定账户。2008新湖债券提前清偿权利的登记日为2009年1月8日,所有于2009年1月8日收市后登记在册的2008新湖债券持有人均可自行选择全部或部分行使提前清偿权利。在吸收合并最终经中国证监会核准并实施之后,有效申报提前清偿权利的2008新湖债券持有人将获得债券面值及相应期间的利息,对应的2008新湖债券将过户给第三方。

3. 债务安排及员工安置

在合并方案获得股东大会通过后,按照相关法律的规定履行债权人的通知和公告程序,并且将根据各自债权人于法定期限内提出的要求向各自债权人提前清偿债务或为其另行提供担保。于法定期限内,未能向新湖中宝或新湖创业主张提前清偿或提供担保的债权人的债权将自交割日起由吸收合并后的新湖中宝承担。

双方同意本次吸收合并完成后,新湖创业的全体员工由新湖中宝全部接收。新湖创业作为新湖创业现有员工雇主的全部权利和义务将自吸收合并的交割日起由新湖中宝享有和承担。

合并完成以后的产权关系如图10.2所示。

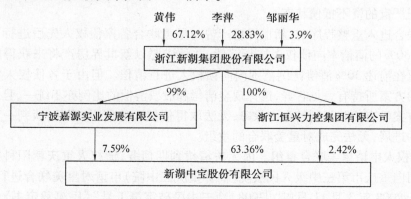

图10.2　合并后新湖中宝的产权关系图

（三）实训项目要求

✿ 要求一：从并购方式看，此次并购属于哪种类型的并购，并对其进行简要分析。

☆ _____

_____

✿ 要求二：根据上述资料，对新湖中宝并购的动因进行分析。

☆ _____

_____

✿ 要求三：根据上述资料，对新湖中宝的并购效应进行分析。

☆ _____

_____

二、星美联合债务重组案例分析

（一）案例资料

星美联合系经重庆市人民政府以"渝府[1997]12号"文件批准，与1997年11月6日由原四川三爱工业股份有限公司和原四川海陵实业股份有限公司合并组建成立。1998年10月19日，经中国证券监督管理委员会以"证监发字[1998]268号"文件和"证监发字[1998]269号"文件批准，公司发行人民币普通股50 000 000股，并于深圳证券交易所上市。经转增、送股及配股后，公司总股本为413 876 880股，其中非流通股为293 876 880股，占总股本的71.01%；流通股为120 000 000股，占总股本的28.99%。

星美联合经营范围主要为通信产业投资、通信设备制造、通信工程及技术咨询、增值电信业务、机械产业投资及设备制造、自营进出口业务。公司设立后，在生产经营过程中曾陆续向多家商业银行、企业大笔举债，债务负担十分沉重；同时，公司还为其他企业贷款提供了大量担保。因经营管理不善，公司发生巨额亏损，无力偿付到期债务，且公司全部有效资产均已被抵押、查封或冻结，生产经营全部停止，丧失了自我挽救的能力。此外，由于2005年和2006年连续两个会计年度亏损，星美联合自2007年5月8日起被实行退市风险警示特别处理。截至2007年12月31日，公司所有者权益为-1 185 511 232.70元，公司已处于严重的资不抵债状态。

星美联合进入重整程序前，新世界房产曾与星美联合各家债权人先后进行了多轮谈判，提出以30%的清偿率向债权人进行清偿，并承诺愿以新世界房产将来获得的星美联合部分股票在前述30%清偿比例范围内向债权人进行清偿。但由于各债权人对新世界房产提出的方案所持有意见各异，选择现金清偿和股票清偿的比例亦不统一，且新世界房产提出的方案没有法院强制约束力保障，无法取得债权人的信服，因而，谈判一直无法取得实质性的进展，无法完成对星美联合的重组。

（1）债权人申请星美联合重组。因无法清偿到期债务，债权人重庆朝阳科技产业发展有限公司向重庆市第三中级人民法院（简称重庆三中院）申请对星美联合进行重组，重庆三中院于2008年3月11日以"[2008]渝三中民破字第1号"《民事裁定书》受理了该重组申请。

(2)债权确认情况。根据管理人向法院及星美联合第一次债权人会议提交的重组计划草案,共有70家债权人向管理人申报了债权,其中,得到确认的债权总金额为人民币2 499 031 279.14元。其中,以星美联合特定财产设定担保的债券("优先债权")总金额为人民币1 241 974 486.89元;星美联合所欠职工债权总金额为人民币1 921 449.70元;星美联合所欠税款形成的债权总金额为人民币18 000 000元;星美联合所欠普通债权总金额为人民币1 237 135 342.55元。

(3)重组计划主要内容。根据星美联合的资产、负债情况,以及其自身的特点,星美联合管理人起草了重组计划草案,其主要内容如下。

对于债权人享有担保权的特定财产,直接抵偿给该债权人,特定财产的变现所得由相应的优先债权人受偿;同时,按照债权本金30%的比例向债权人支付现金作为其因延期清偿所受损失的补偿,债权人获得上述补偿后,星美联合不再对其承担任何清偿责任。

对于职工债权及税款债权则给予全额清偿。

对于普通债权按照债权本金的30%清偿,债权人获得此比例清偿后,星美联合不再对其承担任何清偿责任。

星美联合全体非流通股股东通过星美联合后继的股权分置改革向上海鑫以实业有限公司(鑫以实业)让渡其持有的星美联合50%股权,作为鑫以实业为星美联合提供偿债资金的对价。非流通股股东让渡的股票中的不超过4 000万股股票,以5元/股的价格折抵现金向债权人清偿,并根据自愿原则,优先债权人和普通债权人可以向星美联合提出书面申请要求以股票受偿。

按重组计划草案由鑫以实业提供的现金及非流通股股东让渡的部分股票对债权人进行补偿或清偿后,债权人未获得的债权由重庆城奥企业管理咨询有限公司(重庆城奥)承担清偿责任,星美联合将其现有全部资产(不包括被设定担保的特定财产)转让给重庆城奥,作为重庆城奥承接上述债务的对价。

2008年4月18日,星美联合召开第一次债权人会议,管理人向法院及债权人会议提交了重组计划草案,经各组债权人和出资人分组投票表决,重组计划草案获得各债权人组和出资人组高票通过,重组计划获得通过后,法院裁定批准了管理人提交的重组计划草案。

星美联合重组完成后,星美联合实际清偿的债务总金额为人民币563 634 696.77元,星美联合豁免负债总金额达人民币1 935 396 782.37元。星美联合全部资产及债权人未获清偿部分的负债将全部转移至重庆城奥。重组计划执行完毕后,星美联合对债权人未获清偿部分的债权不再承担清偿责任,星美联合成为无资产、无负债的净壳公司。

与其他上市公司的重组相比,星美联合的重组有其自身的特点。星美联合自法院受理重组申请至法院裁定终结重组程序,历时仅41天,是用时较短完成重组的上市公司之一。此外,星美联合合理地运用股票这一资本市场中的虚拟资本取代部分现金作为重组计划偿债资金的一部分,不仅为鑫以实业节省了大量成本,还通过上市公司后继资产重组在股票价值上的增值对债权人的利益给予了更大程度的保护。

(二)理论知识链接

(1)企业重组又称企业整顿,是指对陷入财务危机,但仍有转机和重建价值的企业,根据一定的程序进行重新整顿,使企业得以维持和复兴,走出困境的做法。公司重组包括正式重组和非正式重组。《破产法》中建立的重组制度,允许企业在破产时进行重组,但须经过法院裁定,因此涉及正式的法律程序。正式财务重组是通过一定的法律程序改变企业的资本结构,合理地解决其所欠债权人的债务,以便使企业摆脱所面临的财务困境并继续经营,是将非正式重组的做法按照规范化的方式进行,是在法院受理债权人申请破产案件的一定时期内,经债务人及其委托人申请,与债权人达成和解协议,对企业进行整顿、重组的一种制度。正式重组的基本程序是:向法院提出重组申请—法院任命债权人委员会—制订企业重组计划—执行企业重组计划—经法院认定宣告终止重组。

当公司重组程序开始以后,就以重组计划为核心,进行重组工作。如果重组计划得以顺利进行,则重组计划执行完毕后,重组程序就应该结束。但在公司的重组过程中,也可能由于一些法定事由的出现,造成公司重组计划不能得以进行,从而公司的重组程序也应结束。前一种情况,称为公司重组的完成;后一种情况,称为公司重组的终止。

(2)重组作为最为有效的化解企业债务危机的途径之一,被越来越多地运用到上市公司的债务重组之中,同时,也是目前企业并购中最常被用来解决被并购目标公司自身债务负担的方法。

重组不仅是一种挽救困境公司的有效方法,同时,也为企业并购中的债务重组提供了一条切实有效的途径,是一种能够促成多赢局面的新兴体制。

(三)实训项目要求

✿要求一:根据案例资料,简谈企业债务重组的程序。

☆_____

_____

✿要求二:企业进行债务重组有何意义?

☆_____

_____

三、湖南重型汽车制造集团公司破产清算案例分析

(一)案例资料

湖南重型汽车制造集团公司(以下简称集团公司)于2001年10月26日进入破产程序,2002年2月9日,衡阳市中级人民法院依法下达了破产终结裁定,集团公司破产工作圆满完成。现将破产工作的情况简述如下:

集团公司是经衡阳市工商行政管理局注册登记,隶属于湖南省监狱管理局的全民所有制企业。集团公司在计划经济向市场经济转轨中遭遇了汽车市场疲软的突变,承受着合作项目因受诸多因素的限制而形成的巨大潜亏困难,企业长期负债经营且严重的资金缺乏制约了其发展。企业经过多次的结构调整也未能改变朝不保夕的局面,致使出现严重的资不抵债,无法清偿到期债务。集团公司于1994年开始亏损,到2001年8月底,已负债62.8万元,资产负债率达343.9%,企业经营陷于停顿。在此期间,省监狱管理局、雁南监狱、雁北监狱都采取了多种措施,力图摆脱困境,但均未奏效。2001年3月,在赤

山监狱召开的"企业改制"研讨会上,在对国家政策和企业现状进行实事求是的分析研讨的基础上,根据国务院4号文件提出的"对于长期亏损、资不抵债、难以扭亏为盈的单位,应实行关、停、并、转"的精神,以及《中华人民共和国企业破产法(试行)》第三条、《中华人民共和国民事诉讼法》的第一百九十九条之规定,省监狱管理局做出了将监狱系统难以为继的企业进行破产重组的决策,集团公司是会上明确选择破产的企业之一。

由于集团公司因到期未按规定进行工商年检,于2000年11月被衡阳市工商局吊销企业法人营业执照。因此,集团公司不能采取由债务人自身提出破产申请的方式。根据《中华人民共和国企业法人登记管理条例》第三十三条、《中华人民共和国公司法》第一百九十二条之规定,省监狱管理局于2001年9月24日做出对集团公司进行解散清算的决定,并成立了清算组。为保证工作顺利进行,聘请了专业的、有资质、有经验从事破产事务的专业中介机构——湖北长江产权流动破产清算服务有限公司(以下简称长江公司)、湖南湘资有限责任会计师事务所(以下简称湘资所)参与工作。

湖南重型企业制造集团公司清算组(以下简称清算组)于2001年9月24日在《衡阳日报》刊登了《清算公告》。经过认真清理,查明公司账面总资产4 555.10万元,账面总债务15 662.80万元,资产负债率高达343.9%。清算组根据企业财产不足清偿到期债务的清算结果和省局"湘监管[2001]156号"文件精神,于2001年10月12日召开清算组会议形成决议:依据《中华人民共和国公司法》第一百九十六条之规定,决定向衡阳市中级人民法院申请集团公司(含分支机构)破产还债。并于当日将集团公司破产还债申请资料报送人民法院。

衡阳市中级人民法院经过严格、认真审查后,通过清算组补充破产企业职工安置方案及主要债权人对企业破产的书面意见。由雁南监狱负责分管破产工作的周乾副监狱长带领清算组人员到有关单位进行协调、沟通,取得了雁南、雁北监狱负责破产企业职工分流安置的承诺及衡阳市工行城北支行支持企业依法破产的书面意见。清算组按人民法院的要求准时补齐全部资料,从而保证了集团公司顺利进入破产法律程序。

(1)立案。湖南省衡阳市中级人民法院对申请破产资料进行了认真审查核实后,于2001年11月6日下达"[2001]衡中法初字第60-1号"民事裁定书。正式宣告集团公司(含分支机构)破产还债,并在2001年11月31日的《人民法院报》上刊登了集团公司破产还债公告。

(2)成立破产清算组及召开第一次清算组大会,全面开展破产清算工作。根据破产法的有关规定,11月6日,人民法院下达"[2001]衡中法经初字第60-1号"民事裁定书,指定了由省监狱局总会计师廖秀成任组长,长江公司总经理周兵任副组长的湖南重型汽车制造集团公司破产清算组(以下简称破产清算组)组成人员,并于11月8日上午由法院主持召集破产清算组全体人员在衡阳市中院召开了成立会议,明确破产清算组职责。破产清算组根据破产企业的实际情况先后制定了《湖南重型汽车制造集团公司破产清算工作方案》《湖南重型汽车制造集团公司破产工作时间表》《湖南重型汽车制造集团公司清算会计制度》《关于清算工作中接待、交通、通信的有关规定》等工作计划与制度。破产清算组挑选62名业务素质过硬、政治思想合格的同志,分资产清算工作小组、债权债务清理工作小组、劳动人事工作小组、安全保卫工作小组、协调服务工作小组5个小组分别开展工作。各工作小组根据破产清算组的总体布置和相关规定，各自编写了详细的小组工作计划，对工作内容、工作要求、完成时间、责任人和参加人等进行了周密的安排。

11月8日下午，清算组在雁南监狱召开清算组成人员及工作人员第一全体大会，在法院相关人员的监督下，与破产企业代表办理交接手续，依法全面接管破产企业。会后，各工作小组根据破产清算组制订的方案及工作要求和进度，接管破产企业全部行政、经营印鉴及营业执照、税务登记证、账册、发票、收据、合同等文书资料，冻结银行账户，开启破产清算组账户，对破产企业的仓库、车间等进行封存，加强安全保卫工作，对破产企业债权债务进行清理。

(3) 开展破产资产的清理、审计、评估工作。破产清算组组织人员对破产资产进行了全面清理，分车间、分仓库，将所有存货、机器设备、低值易耗品分门别类地清理，以原始账为基础进行登记造册并与实物逐一核对。为了公平客观地搞好破产清算中的审计、评估工作，破产清算组报请人民法院同意委托具有审计、评估资格的湖南湘资有限责任会计师事务所对破产企业的财务进行审计，对破产企业资产进行评估。经评估，集团公司账面资产3 114万元，评估值为234.3万元。评估报告得到了湖南省财政厅的备案认可。2002年2月1日，破产财产由法院监督，在衡阳市华信拍卖行公开向社会拍卖。参加竞拍的有9个单位，最后，由雁南、雁北监狱中标，破产财产中的实物资产变现收入94.6万元，变现率为评估值的40%。

(4) 做好债权债务的清理清收工作。破产清算组对集团公司的应付账款、其他应付款等进行了反复的清理、审核，并登记造册。公司账面反映债权人共有835户，2001年11月13日对债权人采用记挂号信和直接送达方式发函通知债权人申报债权，其中，挂号信方式送达341户，直接送达11户，地址不全或单位名称不全无法发函的单位483户。截至2002年1月31日，共有83家债权人向清算组申报了债权共155 300 133.70元。破产清算组组织专人登记，进行反复核对，并多次打电话或发函，要求债权人前来对账或提供凭证，完成了债权申报核实工作，并将根据全部已申报债权人及债权额情况编制成的《债权申报核实明细表》报送人民法院。人民法院于2001年2月7日下达"[2001]衡中法经初字第60-10号"民事裁定书，对已申报的债权人及债权额进行了确认，并发函送达债权人。破产清算组通过清理应收账款、其他应收款等账目，集团公司账面上共有债务人751户，2001年11月19日对债务人用挂号信方式发函要求清偿债务。送达330户，地址不详或单位名称不全无法发函单位421户。截至2002年1月31日，收回现金60 007.09元。

(5) 确认抵押财产所有权。集团公司与衡阳市工行城北支行、湘江信用社、松木信用社有长期信贷关系，欠这3家金融机构的贷款分别为5 539.99万元、168.51万元、48万元，这3家银行在贷款时都办理了抵押（均为房地产抵押），办理抵押的42本房产证中有39本户名为省二监，有2本为供销公司，1本为集团公司。其中，供销公司、集团公司的3处房产在1997年7月由省局根据《中华人民共和国监狱法》和财政部、国家国有资产管理局、司法部的"财农字[1997]15号"文件《关于监狱资产划分有关规定的通知》的规定，将上述3处房产划归为省雁南监狱。划分后，在报银行的报表中均有体现（银行一直未提出异议）。这3家金融机构在申报债权时均提出享有抵押物优先受偿权，但破产清算组以抵押资产时监狱的资产，属于法律规定的不得抵押财务为由请求法院做出抵押无效的裁定。法院经查明后,分别下达[2001]衡中法经初字第60-2号、第60-3号、第60-4号裁定书,做出了42处房产抵押均无效的裁定。工行城北支行就此向人民法院申请复议,人民法院以认定事实清楚、运用法律准确为据向工行下达了复议通知书,确认抵押无效。

(6)召开主要债权人会议。2002年2月1日上午在湘南司法干警培训中心五楼会议室召开了破产企业主要债权人座谈会,由局财务处副处长、清算组成员罗辉主持,法院合议庭成员、清算组成员,以及11家主要债权人单位共计45人参加。会议通报了《清算工作报告》《资产评估报告》《债权申报核实明细表》《破产财产分配方案》,提出法律规定的一、二、三顺序债权人的清偿比例为0。清算组对债权人提出的问题与质疑进行了有理有据的回答、解释。2月4日,再次召开了清算组成员会议,对上述文件、方案再次进行审查、讨论后,做出了两项决定:一是将《破产清算工作报告》《破产财产分配方案》报法院;二是鉴于破产财产不足以支付清算费用,向法院提交《申请裁定终结破产程序的报告》。

(7)终结破产程序。根据审计评估的结果,破产企业财产评估值为234万元,而破产清算费用为299.66万元(包括诉讼费、清算组费用、留守、聘用人员工资及下岗、在职职工破产清算期间的生活费等)。法院合议庭在对清算组提交的资料及终结破产程序的申请进行认真的审议后,根据破产财产不足以支付破产费用,更无财产清偿其债务的客观事实,于2002年2月9日下达"衡经法初字第60-11号"民事裁定书,裁定终结集团公司破产法律程序。破产清算组据此办理了集团公司(含分支机构)的工商登记注销手续。

(二)理论知识链接

破产财产的清算,主要指清算组对破产企业财产的保管、清理、估价、处分和分配。

(1)破产企业财产的清理,主要是指清算组对破产企业的财产进行权属界定、范围界定、分类界定和登记造册的活动。如破产财产范围包括:破产宣告时破产企业的所有财产;破产宣告后至破产程序终止前所取得的财产;破产企业行使的其他财产权利,如专利权、商标权、著作权等已作为担保物的财产,其变现的价额超过其担保的债务数额的,超过的那部分财产。破产企业财产自然状况的核实,该部分工作主要是对企业的各项财产核实与确认,一般对企业的有形资产进行核实与确认财产名称、形成时间、原值、坐落、型号、新旧程度、法律手续是否完备等。

(2)破产财产的评估。这是为破产财产的处理作准备,提供参考价格和底价,一般由专业的评估师进行。

(3)破产企业财产的处理。一般指清算组对破产财产中非货币财产变现为货币财产的过程,是整个财产清算的最后一项工作。通常由清算组按照公开、公平、公正的原则,遵循先估价再公开,最后经债权人会议讨论通过的程序,在债权调查完结后,以不公开变卖或公开拍卖的方式进行。

(三)实训项目要求

✡要求一:根据案例资料,简谈企业破产清算的程序。

☆_____

✿要求二:企业进行破产清算对企业所有者、债权人及其职工等利益相关者有何重要意义?

✰_____

_____

第四节 技 能 实 训

一、实训目的

通过公司并购、重组与清算的实训,使学生比较系统地掌握并购、重组与清算的各种方式,加强对所学的关于公司并购、重组与清算的运用和理解,加强学生的实际动手操作能力,提高对这部分专业知识的应用。

二、实训内容

结合本章所学内容,联系当地一家企业,对其并购的动因、程序及整合或该企业重组情况等主要内容进行综合分析,形成书面材料,做成PPT在班级公开汇报,其他同学组成答辩小组公开答辩。

三、实训要求

(1)对学生进行分组,指定小组负责人联系合作单位或学生合理利用社会关系自主联系实践单位。

(2)根据本实训教学的目的,拟定调查题目,列出调查提纲,指定调查表格。

(3)实地调查和采访时要注意自己的形象,能准确流利地表达自己的目的和愿望,以便得到对方的配合。

(4)对调查采访资料进行整理和总结,写出一份调查报告(1 000字左右),做成PPT在班级公开汇报。

参考文献

[1] 宋海涛,章礼.财务管理[M].哈尔滨:哈尔滨工业大学出版社,2012.
[2] 宋海涛,吴云飞.财务通论[M].哈尔滨:哈尔滨工业大学出版社,2012.
[3] 缪启军.财务管理[M].上海:立信会计出版社,2010.
[4] 陈燕,王允平.财务管理实训[M].北京:首都经济贸易大学出版社,2011.
[5] 王佩.财务管理教程与案例[M].上海:立信会计出版社,2009.
[6] 黄佑军.财务管理项目实训[M].北京:经济科学出版社,2010.
[7] 赵伟,吴智勇.财务管理模拟实训教程[M].北京:电子工业出版社,2010.
[8] 徐泓,郭永清.中级财务管理历年真题详解及押题预测试卷[M].济南:山东人民出版社,2012.
[9] 邵天营,陈复昌.财务管理实务[M].上海:立信会计出版社,2011.
[10] 袁建国,周丽媛.财务管理[M].大连:东北财经大学出版社,2009.
[11] 郭涛.财务管理[M].北京:机械工业出版社,2011.
[12] 徐鹿,邱玉兴.高级财务管理[M].北京:科学出版社,2010.

读者反馈表

尊敬的读者：

您好！感谢您多年来对哈尔滨工业大学出版社的支持与厚爱！为了更好地满足您的需要，提供更好的服务，希望您对本书提出宝贵意见，将下表填好后，寄回我社或登录我社网站（http://hitpress.hit.edu.cn）进行填写。谢谢！您可享有的权益：

☆ 免费获得我社的最新图书书目　　☆ 可参加不定期的促销活动
☆ 解答阅读中遇到的问题　　　　　☆ 购买此系列图书可优惠

读者信息					
姓名_____	□先生	□女士	年龄_____	学历_____	
工作单位_____			职务_____		
E-mail_____			邮编_____		
通讯地址_____					
购书名称_____			购书地点_____		

1. 您对本书的评价

   内容质量　　□很好　　　□较好　　□一般　　□较差
   封面设计　　□很好　　　□一般　　□较差
   编排　　　　□利于阅读　□一般　　□较差
   本书定价　　□偏高　　　□合适　　□偏低

2. 在您获取专业知识和专业信息的主要渠道中，排在前三位的是：
   ①_____　　　②_____　　　③_____
   A. 网络　B. 期刊　C. 图书　D. 报纸　E. 电视　F. 会议　G. 内部交流　H. 其他：_____

3. 您认为编写最好的专业图书（国内外）

书名	著作者	出版社	出版日期	定价

4. 您是否愿意与我们合作，参与编写、编译、翻译图书？
_____

5. 您还需要阅读哪些图书？
_____

网址：http://hitpress.hit.edu.cn
技术支持与课件下载：网站课件下载区
服务邮箱 wenbinzh@hit.edu.cn　duyanwell@163.com
邮购电话 0451-86281013　0451-86418760
组稿编辑及联系方式　赵文斌(0451-86281226)　杜燕(0451-86281408)
回寄地址：黑龙江省哈尔滨市南岗区复华四道街10号　哈尔滨工业大学出版社
邮编：150006　传真 0451-86414049